本书为教育部人文社会科学研究项目"任务复杂度对中国大学生二语产出的影响机制构建研究"（20YJC740071）最终成果

任务复杂度对中国大学生二语产出的影响

邢加新　著

中国海洋大学出版社
· 青岛 ·

图书在版编目（CIP）数据

任务复杂度对中国大学生二语产出的影响／邢加新
著 . -- 青岛 : 中国海洋大学出版社，2023. 9
ISBN 978-7-5670-3598-0

Ⅰ. ①任… Ⅱ. ①邢… Ⅲ. ①第二语言－教学研究－
高等学校 Ⅳ. ① H003

中国国家版本馆 CIP 数据核字（2023）第 165548 号

出版发行	中国海洋大学出版社		
社　　址	青岛市香港东路 23 号	邮政编码	266071
出 版 人	刘文菁		
网　　址	http://pub.ouc.edu.cn		
订购电话	0532－82032573（传真）		
责任编辑	林婷婷	电　　话	0532－85902533
印　　制	日照日报印务中心		
版　　次	2023 年 9 月第 1 版		
印　　次	2023 年 9 月第 1 次印刷		
成品尺寸	170 mm ×240 mm		
印　　张	11. 75		
字　　数	187 千		
印　　数	1～1 000		
定　　价	50. 00 元		

序

PREFACE

任务型语言教学是当前外语学习领域最受关注的教学方法之一。自 20 世纪 80 年代至今,任务型教学逐步得到广泛的应用。受教学实践的影响,关于任务的研究也得以迅速发展。目前,二语任务研究已经成为二语习得领域中的一个重要部分。

本书作者是我 2013—2016 年指导的博士生。加新 2013 年进入北京师范大学攻读外国语言学应用语言学博士学位。初次见面交流,我发现他对二语任务研究有极大的兴趣,随后每次定期见面我们都会围绕他所阅读的相关文献及研究问题进行沟通和讨论。随着阅读量的积累,加新最终确定围绕二语任务复杂度展开研究。二语任务复杂度一直都是任务研究领域的核心议题,虽然已有不少研究者从理论方面进行了探讨,但是关于任务复杂度与学习者产出之间的关系尚有很大的研究空间,而加新敏锐地捕捉到了本领域研究的动向。就任务研究而言,国内有关研究与国际研究之间存在一定的"跟跑"现象,因此需要高质量的研究成果与国际学者形成互动。

加新在博士研究过程中努力而专注,经过三年心无旁骛、全身心刻苦勤奋的投入和研究,他出色地完成了其论文研究,同时在国内核心刊物发表了高质量的文章。除此之外,在读期间,他参加了在日本召开的任务型语言教学国际会议并宣读论文,与国际上二语任务研究专家学者如 Peter Skehan 教授有密切的学术往来。其最新成果,"The Effects of Task Complexity on Chinese EFL Learners' Oral Performance and Cognitive Processes" 被收录于 John

1

Benjamins 出版社 2019 年出版的任务研究系列丛书第 13 卷 *Researching L2 Task Performance and Pedagogy:In Honor of Peter Skehan* 中。这一切都令我感到欣慰。显然,加新已经成长为国内二语任务研究领域的优秀青年学者代表。

加新的专著《任务复杂度对大学生二语产出的影响》,采用定量和定性相结合的方法探究了任务复杂度对中国英语学习者语言产出的影响。本书最大的特色是同时考察了学习者任务表现与任务产出时的认知过程。研究设计规范,数据收集与分析方法得当,逻辑缜密,讨论深入。加新最后尝试提出任务复杂度对大学生口语产出影响的框架,这在当前二语任务研究中尚属首次。该框架对于认识二语学习者任务产出过程具有启发意义。研究中,作者采用刺激性回想方法考察学习者任务产出过程对未来研究也具有重要的参考价值。本书无疑是对当前二语任务研究领域的重要补充。

作为导师,我很高兴能够"近水楼台",最先读到本研究成果,非常高兴看到自己指导的学生能够在科研的道路上不断成长。加新为人谦逊、做事踏实、勤于思考、研究专心致志,我想正是这些品质使他能够不断前进,心之所至,行之所往。

我衷心祝贺加新的研究成果得以出版,我也期待加新能够坚定地在二语任务研究的道路上继续前行,取得新的成绩!

于北京师范大学励耘楼

2023 年 1 月 17 日

简　介
PROFILE

　　任务型语言教学出现至今已近 40 年,该法注重教学过程,强调语言输入的真实性和以学习者为中心的教学理念。自产生以来,任务型语言教学便引起语言教学和二语习得领域学者的极大关注,研究成果愈发丰富。国际上,成立了任务型语言教学协会,该学术组织建立了专门的网站,并定期举办任务型语言教学国际会议。自 2009 年开始,John Benjamins 出版社就开始出版有关任务型语言教学的丛书,该丛书兼顾教学与研究两个方面,着力为读者呈现任务型教学与研究的最新成果。

　　我国于 20 世纪 90 年代末引入任务型语言教学。2001 年教育部颁布的《全日制义务教育英语课程标准(实验稿)》明确"倡导任务型教学模式",之后关于任务教学实践的探索逐渐增多。然而,相比之下,关于任务本身的研究非常匮乏。罗少茜、程晓堂、夏纪梅、龚亚夫、鲁子问等学者就任务型教学实践问题与任务本身进行了探索。除此之外,也有学者开始以实证方式考察任务特征对二语学习者的影响(如何莲珍,王敏,2003)。可以说早期的这些探索为国内及时了解国际动态,紧跟国际任务教学实践起到了重要的作用。有关任务研究的成果既丰富了国内二语习得研究,也为深入实施任务型教学提供了参考。

　　就国内任务型语言教学与任务研究而言,关于前者的探讨远多于后者。仅以"任务型教学"为关键词在中国知网便可轻易检索到大量的文献。事实上,国内学者对于任务型语言教学一直保持持续关注。例如,2017 年任务型语言教学专家、著名二语习得研究权威专家 Rod Ellis 教授走进上外围绕任务型教学进行了系列讲座,2018年任务型教学权威专家Peter Skehan教授在北京为全国高等学校外语学科中青年骨干教师就任务在二语教学中的作用进行了专题讲解。2018年至今召开的连续四届国际英语教育中国大会均包括任务型语言教学这一议题,这也反映出我国外语教学研究领域对该教学方法的持续关注。

笔者对任务型语言教学的关注大致始于十多年前。彼时任务型语言教学刚刚引介到国内不久,因此,外语界研究者大多是对该法进行观点性的讨论。笔者曾就任务型教学的实施可行性等问题进行了粗浅的探讨。之后,笔者的研究兴趣逐渐集中。尤其是在进入博士阶段的学习后,通过阅读大量文献,笔者对任务研究产生了浓厚的兴趣,并逐渐领会到了任务研究的潜力。此外,笔者曾在攻读博士学位期间参加了2014年在日本大阪举办的亚洲任务型语言教学国际会议,结识了更多本领域的专家学者,进行了友好的学术互动。2020年,笔者以"任务复杂度对中国大学生二语产出的影响机制构建研究"为题申报了教育部人文社科项目,并顺利获批,本书即是该项目的研究成果。

任务研究领域已有为数不少的研究考察了任务复杂度对学习者语言产出的影响。为何我们还要开展本项研究呢?主要原因有如下两点:① 已有研究基本上仅以考察学习者语言产出结果为目标,缺乏对学习者实施任务时认知过程的考量;② 已有的考察学习者任务产出结果的研究以采用整体性指标为主,少有研究同时采用具体性指标,即在方法上存在不足。鉴于此,本研究采用整体性指标和具体性指标相结合的方式考察学习者任务表现,同时探究学习者任务产出时的认知过程。本研究的目的既在于丰富本领域的研究,澄清当前任务领域的有关争议,也力求构建任务复杂度对中国学习者任务表现影响框架,有效推动任务型研究与实践。

内容提要
SYNOPSIS

　　任务研究是当前二语教学与二语习得研究领域的重要议题。上述两个领域的研究者从不同的视角围绕任务进行了大量的研究。在这些视角之中,认知加工视角仍是当前的主流研究范式。在该视角下,研究者就任务特征对学习者二语产出的影响等议题进行了深入探讨。作为任务的重要特征之一,任务复杂度一直都是研究者关注的重点。在理论方面,研究者对任务复杂度概念的认识不断深化,提出了不同的任务复杂度框架,并对任务复杂度的影响做出了不同预测。理论上的探讨相应地促进了关于任务复杂度的实证研究,越来越多的研究者以实证方式考察任务复杂度的影响。然而,由于对任务复杂度的操作化定义以及使用的语言产出指标不同等问题,迄今为止已有的实证研究并未就任务复杂度对学习者产出的影响达成一致的观点。更重要的是,大部分实证研究仅以考察学习者产出结果为目的,未能探究学习者的语言产出过程。

　　基于以上研究背景,本研究拟通过实证研究的方式进一步考察任务复杂度对中国英语学习者口语产出的影响。本研究主要回答以下问题:① 任务复杂度对大学生口语产出结果是否有影响? 如果是,有怎样的影响? ② 任务复杂度对大学生口语产出过程是否有影响? 如果是,有怎样的影响? ③ 我国大学生口语产出过程与其产出结果有何关系? 为了回答上述问题,本研究选取了国内某所重点高校 36 名非英语专业大学一年级的学生作为受试,分别以元素多少和推理需求两个变量控制任务复杂度,要求学习者分别完成简单任务和复杂任务,采用整体性指标和具体性指标相结合的方式衡量学习者口语产出结果。本研究还随机抽取了十名受试,通过刺激性回想的方式考察了他们在完成简单任务和复杂任务时的口语产出过程。

通过对数据的定量和定性分析,本研究发现:① 任务复杂度对学习者口语产出结果的大部分指标影响不显著,元素多少变量和推理需求变量控制下的任务复杂度对学习者口语产出结果的影响趋势大致相同;② 任务复杂度对学习者口语产出过程没有显著影响,但是学习者在简单任务和复杂任务产出中的心理特征呈现出不同的分布比例;③ 学习者口语产出中对语言形式与内容的加工和监控都会降低产出的流利性,发音前对形式的加工也可能会降低语言准确性,但是发音后对形式的监控有助于提高准确性。基于上述研究发现,本研究尝试提出了任务复杂度对学习者口语产出的影响机制框架。

本研究的贡献在于以下几点:① 避免了国内研究在实验任务设计与语言产出衡量指标方面的不足,采用整体性指标和具体性指标相结合的方式考察了任务复杂度对中国英语学习者口语产出的影响;② 突破了现有的任务复杂度研究的内容局限,采用刺激性回想的方式考察了任务复杂度对学习者口语产出过程的影响;③ 初步提出了任务复杂度对中国英语学习者口语产出的影响机制框架。

本研究既具有一定的理论价值,也具有较强的现实意义。理论价值在于揭示了任务复杂度对学习者口语产出的影响机制,并进一步丰富了任务研究领域的相关假设;现实意义在于可以为国内英语教师合理选择并实施任务提供指导,也能够为语言测评提供一定的参考。

目　录

CONTENTS

第 1 章

导 论

本章为全书的导论部分,共包括三小部分内容。第一小部分介绍了研究背景,明确了研究的必要性;第二小部分简要呈现了研究目的、内容与研究意义;最后一小部分介绍了全书的结构安排和每一章的主要内容。

1.1 研究背景

在日常生活中,人们要完成各种各样的任务,比如回复邮件、超市购物。可以说,人们每天都在完成不同的任务中度过。这里的"任务"是普通意义上的,可以等同于各种日常活动。然而,除此之外,还有另外一种任务,可以称为教学性或交际性任务。与普通意义上的任务不同,后者有其专业意义上的所指。交际性任务主要是指语言学习者为了实现某种交际目的而使用语言表达意义的活动。本研究关注的正是二语学习中的交际任务。虽然两种任务的所指范围不同,但是它们之间却不无联系。交际性任务可以作为一种有效的手段促使二语学习者逐步地使用目的语完成现实生活中的任务。

随着任务型语言教学的兴起与发展,任务逐渐成为二语教学及二语研究领域的热点议题。目前,任务已经成为二语教学中的一个基本单位,而"任务"一词也成为二语研究领域中的高频词之一。甚至有学者声称,如果有人就二语习得的主题创建一个学术写作语料库,那么可以预测任务与其派生词一定会出现在频率最高的词条之中(Tavakoli & Foster,2011:38)。Kim(2009)认为,研究者对任务研究的热情在很大程度上是由于任务为二语的使用和习得提供了情境。正是由于这一事实,无论是对二语教学还是对二语研究而言,任务都变得非常重要,同时成为两个领域之间成果丰富的一个共同点(Mackey,2007)。在过去的 30 多年中,越来越多的学者为了教学和研究两大目标关注任务的使用,任务已成为二语教学和二语研究两个领域关注的焦点。

正如 Cook(2011)所言,任务型语言教学认为,二语学习在学生课堂完成的任务中产生。在一定程度上,任务型语言教学将交际语言教学重新概念化为任务,而不再是基于语言或认知的交际语言教学大纲。Cook 还声称,任务型语言教学是在过去的十年中最受关注的语言教学法。很多二语研究者与教学实践者认为,与词汇、话题或者语法结构相比,任务可以是一个有效的大纲设计单位(如 Long,1989;Richard,2001;Skehan,1998)。根据 Long & Crookes(1992)的观点,由于学习者将整体性、功能性和交际性任务作为教育活动设计的基本单位,任务型大纲能够为他们提供充分的目的语输入的真实展现形式。研究者认为,任务活动为二语发展所需要的输入和输出加工提供了机会。从教学法的角度而言,关于任务型课程设计的很多议题同样受到大量的关注,这些议题包括需求分析、任务设计、任务排序、教师教育以及任务评价等(Long,2007,2015;Shehadeh & Coombe,2012;van den Branden,2006)。

在意识到仅向学习者提供大量的语言输入和交际机会并不能够保证二语习得的成功之后,研究者开始关注如何通过引导学习者关注语言的形式与结构来促进语言的学习。随着聚焦于形(Focus on form①)概念的提出,很多的研究者和语言教师认为,如果课堂上所使用的大纲不能按照复杂度的高低对交际任务进行排序的话,这样的交际教学将不会有效(Kormos & Trebits,2011)。由于理解任务的属性对任务大纲的设计具有重要的作用,任务特点受到二语习得领域的密切关注。毫无疑问,任务研究已经成为二语习得研究中

---

① Focus on form 是由 Long 等人(Long,1991;Long & Robinson,1998)提出的语法教学的类型之一,其他两种类型是 Focus on form 和 Focus on meaning,分别可以译为形式教学和意义教学。Focus on form 指的是指在教学中心集中于意义和交际的前提下,对教学过程中偶然遇到的某些语言形式的随机注意;Focus on form 与传统的语法教学相近,指结构主义大纲下对语言现象进行独立的显性语法形式教学;Focus on meaning 指的是为学习者提供大量的语言输入并创造语言使用的机会以促成学习者二语系统的附带习得。国内学者对该术语的译文不一,常见的有"聚焦于形式""形式聚焦""新形式教学"和"聚焦于形"等。

的一个重要领域。Kuiken & Vedder（2007）认为，任务型研究主要有以下四种方法。① 心理的互动方法，该法主要受 Long（1985，1989）互动假说的影响。② 社会文化方法，主要以 Lantolf、Swain 等研究者的成果为代表（如 Lantolf，2000；Swain，1998；Swain & Lapkin，2001）。③ 结构聚焦方法，即设计任务以诱发某一特定的结构特征（Loschky & Bley-Vroman，1993；VanPatten，1996）。④ 认知的信息理论方法（Skehan，1998，2001，2003；Skehan & Foster，1999，2001；Robinson，2001，2003，2005，2007a）。二语习得领域对任务的不同研究视角反映出不同的研究动机，但是相同的是它们在研究设计中都采用任务或围绕任务去解释语言学习。

从内容上来言，关于任务的研究大致可以归为以下四个方面：任务内容（task content）、任务表现（task performance）、任务动态（task dynamics）以及任务识解（task construal）。任务内容主要指任务如何使学习者聚焦语言，以及任务应该包括哪些阶段等；任务表现主要指任务设计与实施条件如何影响学习者的语言产出；任务动态主要指学习者完成任务的过程中如何进行意义协商、如何习得语言；任务识解主要指学习者和教师对任务的认知和评价。在上述四个方面中，任务表现最受研究者关注，二语任务研究领域产生了大量的关于学习者任务表现的研究（邢加新，2015）。

20 世纪 90 年代中期，以 Peter Skehan 等为代表的研究者开始从认知心理视角探究学习者的任务表现，由此开启了任务研究的认知转向。任务研究的认知视角主要关注学习者完成任务时的信息加工阶段，强调学习者的认知过程，尤其是学习者在任务产出中注意资源的分配。在认知心理视角下，语言的产出被视为一种信息加工过程，涉及信息的存储与提取。信息加工模式通常认为：① 人类能够加工的来自输入或输出中的信息量是有限的，这种限制会造成工作记忆的瓶颈，并使学习者优先考虑语言的某一方面；② 当语言使用者不具备完成某一任务所需的程序性语言知识时，他们会寻求一种控制机制，该机制依赖显性储存知识，因此会消耗认知加工能力与工作记忆；③ 人类同时使用自上而下与自下而上两种过程加工信息（Ellis，2005）。在任务研究的认知视角下，研究者普遍认为合理使用任务可以引导学习者更多地关注语言的某个方面。在这种观点的影响下，任务本身的特征引起了研究者高度关注。作为任务的重要特征之一，任务复杂度成为二语任务研究领域的研究热点。

任务复杂度这一概念源于课堂教学中任务排序的需要,但是关于它的研究很快便扩展到二语课堂之外。相关研究主要体现在四个方面:① 关于任务复杂度本身的理论探究;② 任务复杂度与学习者互动;③ 任务复杂度与学习者语言产出;④ 任务复杂度与学习者语言习得/发展。在这四个方面中,任务复杂度与学习者语言产出的关系备受关注。二语任务研究者对两者的关系有着不同的预测,其中影响最广泛的两种观点是竞争假说(Skehan,1998,2009,2014)与认知假说(Robinson,2001,2007,2011)。从根本上说,它们都尝试解释任务复杂度对语言产出的影响。但由于对注意力资源的理解不同,所以对最后的语言产出做出了不同的预测。Skehan 认为,二语学习者的注意力资源是有限的,学习者在完成任务时语言产出的复杂性、准确性和流利性三者之间存在天然的竞争(trade-off)关系。Robinson 认为,语言产出的上述三个维度之间不存在必然的竞争。他将任务复杂度分为资源指向和资源消耗两个维度,声称沿资源指向维度增加任务复杂度可以同时提高学习者的句法复杂性和语言准确性。

受上述理论假说的影响,目前已有很多实证研究对任务复杂度的影响进行了探讨。这些研究主要是探讨任务复杂度的增加如何影响学习者语言产出(Ellis & Yuan,2004;Foster & Skehan,1996;Gilabert,2007;Ishikawa,2007;Kuiken & Vedder,2007;Rahimpour,1997;Robinson,2005)。总体而言,相关研究大致发现任务复杂度对学习者的整体表现有积极影响。但是关于任务复杂度如何影响学习者注意分配,进而如何作用于形式和意义,研究结论并非一致。20 世纪 90 年代末,我国学者逐渐认识到对外语学习中的任务本身进行研究的重要意义。此后,渐有学者开始尝试进行实证研究。但是当时的大多数实证研究都主要是考察不同任务类型的影响。近年来,国内的实证研究基本是以 Robinson 的分类框架为基础,逐渐考察任务复杂度对我国英语学习者口语和书面语产出的影响。然而,与国外的相关研究相比,可以说国内对于任务复杂度影响的考察仍处于起步阶段。

受二语习得与教学法研究的影响,二语评价领域提出任务型语言表现性评价的概念(Brindley,1994;McNamara,1996)。任务表现性评价的基本观点是,考生的任务表现反映出其语言水平,既包括语言知识,也包括语言运用能力。Bachman（2002）认为,理解评价任务对考生表现的影响以及考生如何与评价任务进行互动是语言表现型评价面临的最紧迫的问题。很长一段时间以来,二语评价领域对任务特点的关注相对不够。但是随着二语习得与教学两个领域对任务特点影响的研究不断深入,语言测试评价领域也开始探讨任务特点的影响(如 Gan,2013;Khabbazbashi,2017;Norris,Hudson & Bonk,2002)。尤其是,二语习得领域对任务复杂度的研究对二语评价领域相关研究提供了有益启发。

探究任务复杂度对学习者产出的影响对于二语习得、二语教学与测评都具有重要的意义。从二语习得的角度讲,研究者能够更好地了解学习者在任务产出中的注意资源分配,从而进一步理解二语学习或习得的产生机制。从二语教学的角度而言,关于任务复杂度的研究成果能够为课堂教学中任务的选择、设计与排序等提供重要的参考。Samuda & Bygate(2008)根据任务在课堂教学中角色的不同区分了三种教学类型,分别是任务支持型、任务参照型和任务根本型。任务支持型主要指的是在教学中利用任务聚焦语法或词汇教学;任务参照型指的是将任务表现作为评价教学结果的一种方式;任务根本型将任务作为大纲设计的基础,教师基于任务组织课堂教学与评价。显而易见,无论在上述哪种类型的教学中,任务复杂度研究的结果都具有重要的启示。从语言测评的角度看,关于任务复杂度的研究能够为测评任务的开发与测试任务的难度分级等提供重要的参考。

总之,任务复杂度对学习者产出的影响是任务研究的一大热点,也是二语教学中需要进一步探究的重要问题。虽然关于任务复杂度的研究已经取得不菲的成绩,研究设计更趋科学合理,探究视角更为深入和细化,但是该领域尚存很多争议,仍需要进一步研究。

1.2 研究目的

本研究将以信息加工理论、注意资源分配理论以及言语产出理论为基础,以中国大学生为研究对象,采用实验的方法考察任务复杂度对学习者口语产出的影响。研究的目的主要如下:① 验证或修订二语任务研究领域的相关理论假设,为澄清关于任务复杂度效应的争议提供实证依据;② 拓宽任务复杂度研究范围,并基于研究发现尝试提出任务复杂度对二语学习者口语产出的影响机制框架;③ 为教学实践中合理利用不同复杂度的任务有效促进学习者语言产出与发展提供参考,使学习者在语言的准确性、复杂性和流利性方面得到均衡的发展。

1.3 研究内容

基于以上研究背景并结合上述研究目的,本研究的内容主要有以下三点。

(1)任务复杂度对中国英语学习者口语产出结果的影响。

在对相关文献进行综述的基础上,研究者拟选定元素多少与推理需求两个变量控制任务复杂度,让受试在相同的条件下完成口语任务,分别从语言的复杂性、准确性、流利性以及词汇使用方面衡量学习者的语言产出,对所收集到的数据进行定量统计分析,以此发现任务复杂度对大学生口语产出结果的影响。

(2)任务复杂度对中国英语学习者口语产出心理过程的影响。

研究者要求受试在相同条件下完成不同复杂度的任务,通过刺激性回想的方法收集学习者完成不同任务时的相关信息,对收集到的数据进行定性和定量分析,发现任务复杂度对学习者口语产出心理过程的影响。具体而言,研究旨在发现学习者完成不同任务时在语言产出不同阶段(概念化、形式化、言语化阶段)的具体心理特征。

(3)学习者完成任务时的心理活动与他们的口语产出结果之间的关系。

以一语和二语口语产出模式为基础,通过对所选取的个案学习者在完成任务时的具体心理活动与他们的任务产出表现进行细致分析,尝试发现学习者心理活动与口语表现的关系。

1.4 研究意义

任务已经成为当前二语教学与二语习得领域的研究热点,口语产出又是二语学习重要的应用能力之一。因此,本研究具有重要的理论价值与现实意义。

本研究的理论价值在于以下三个方面。① 能够为本领域影响较大的竞争假说和认知假说提供实证依据。一方面,这有助于澄清当前两大假说的争议。另一方面,本研究将提出新观点,进一步丰富相关假设。② 揭示任务复杂度对中国英语学习者口语产出心理特征的影响,弥补了已有的绝大部分研究仅靠思辨推导理解学习者注意资源分配机制的不足。③ 本研究将基于研究结果,提出任务复杂度对学习者口语产出的影响机制。

本研究的现实意义在于以下几个方面。① 研究发现有助于教师合理选择任务,并科学地实施任务,以有效促进学习者的语言产出与学习。② 在了解学习者完成任务时的心理过程之后,教师可以更有针对性地对学习者进行必要的指导,进而提高其语言产出质量。③ 研究结果也能够为任务大纲设计、教材编写以及任务测试等在任务的选择方面提供参考依据。④ 本研究的实验设计方法能够为该领域进一步的研究提供一定的方法论参考。

1.5　相关概念的操作化定义

任务:众多任务研究的学者从不同的角度提出了任务的定义。本研究中的任务指学习者使用目的语表达意义的活动,该定义与 Skehan(1998)提出的任务的要素基本一致,即学习者完成任务时以表达意义为首要的目的,学习者必须使用目的语才能实现意义的表达。这些任务通常与现实中的活动相关,因此具有真实性。同时,对学习者而言,这些任务具有一定的挑战性。本研究采用图片任务的形式,要求学习者个人就所给的图片进行故事叙述或发表见解。

任务复杂度:本研究中的任务复杂度主要是指任务的认知复杂程度,即任务给学习者所造成的认知负荷的高低。由于任务的很多特征都可能给学习者造成不同的认知负荷,这在一定程度上导致研究者对任务复杂度的操作化定义也不尽相同(Robinson, 2001a; Skehan, 1998)。在本研究中,任务复杂度的操作化定义是任务给学习者造成的推理需求的高低或任务涉及元素数量的多少。换言之,推理需求高的任务比推理需求低的任务更复杂,涉及多个元素的任务比涉及更少元素的任务更复杂。按照 Robinson 的分类框架,本研究中的两个变量均属于资源指向型变量。

口语产出:本研究中的口语产出既包括产出结果,还包括产出时的在线心理特征。产出结果指学习者口语产出的语言特征,主要采用整体性指标和具体性指标两种方式进行衡量。整体性指标指学习者在句法复杂性、准确性、流利性、词汇多样性和词汇复杂性等方面的表现，具体性指标主要指学习者的连词使用情况。心理特征主要是指受试在即时产出语言时采取的具体认知行为与策略等。

1.6　全书框架

本书核心内容共七章。

第一章为导论部分。本章依次介绍了研究背景、研究目的与内容、研究意义以及相关概念的操作化定义，最后呈现了全书的章节安排及每一章节的主要内容。

第二章为文献综述部分。该部分首先介绍了任务和任务复杂度等基本概念，重点介绍了 Skehan 和 Robinson 的任务难度与复杂度分类框架；继而综述了二语产出的衡量指标，并对影响较大的竞争假说和认知假说进行了述评。本章详细地综述了国内外考察任务复杂度对二语学习者口语产出影响的相关研究，在此基础上指出了本领域的研究方向。

第三章为理论基础部分。本章呈现了与本研究相关理论基础，这些理论主要源于认知心理学。本章依次介绍的理论包括信息加工理论、注意资源分配理论、Levelt 的一语产出框架以及 Kormos 的二语产出框架。

第四章为研究设计部分。本章首先报告了先导研究的实验设计与结果；之后，呈现了正式研究所要回答的研究问题，介绍了研究受试、研究工具、产出衡量指标、实验的设计方式与实验流程以及对数据的整理与分析方法。

第五章为研究结果部分。本章分别报告了元素多少和推理需求控制下的任务复杂度对学习者口语产出的影响。与论文的研究问题相对应，本章在每一节中首先呈现了任务复杂度对学习者整体性指标和具体性指标的影响，然后从定性和定量的角度汇报了任务复杂度对学习者产出心理特征的影响，最后在对研究数据进行详细分析的基础上阐释了学习者心理特征与其口语表现的关系。

第六章为研究讨论部分。结合已有的相关研究发现和理论基础，本章首先讨论了任务复杂度对学习者口语产出结果的影响，然后讨论了任务复杂度对学习者口语产出心理特征的影响。基于前面两小节的讨论,本章在最后尝试提出了任务复杂度对学习者产出的影响机制框架,并对该框架进行了进一步的阐释。

第七章为结论部分。本章首先总结了研究的主要发现,然后阐述了研究发现对国内英语教学、二语任务研究以及任务型语言测评的启示,继而论述了本研究的贡献,最后指出了本研究的局限以及对进一步研究的建议。

第2章 文献综述

本章为文献综述部分,主要包括三小节内容。第一小节介绍了任务的定义和类型。第二小节考察了任务复杂度这一概念的发展,梳理了任务复杂度与任务难度的关系,并介绍了国内外主要研究者提出的相关理论框架。第三小节集中论述了任务复杂度与学习者二语产出的关系。首先,梳理了二语习得研究领域关于学习者产出的衡量指标。然后,介绍了任务研究领域影响较大的认知假说和竞争假说,并做出了简要的评价。最后,综述了国内外关于任务复杂度与学习者二语产出的相关研究,指出了该领域研究的不足与方向。

2.1 任务的定义与类型

2.1.1 任务的定义

在二语教学领域,"任务"一词源于20世纪70年代兴起的交际语言教学,指的是以表达意义为目的的活动。很快,这一术语成为二语教学中的一个重要概念。然而,由于研究者学术背景及研究目的等不尽相同,他们对于任务的理解并非完全一致,所以他们对任务的定义也各不相同。目前,任务型教学与研究领域尚没有一个统一的定义。

迄今为止,很多学者从不同角度提出了一系列关于任务的定义(Bachman & Palmer,1996;Breen,1987;Long,1985,2000;Nunan,1989;Prahbu,1987;Skehan,1998;Willis,1996)。Willis(1996)将"任务"定义为学习者为了实现

某种结果而使用目的语达成交际意图的活动。Nunan（1989：10）给"交际性任务"的定义是：交际性任务是指课堂上学习者理解、处理、输出目的语或用目的语进行交流的各种学习活动。在这些学习活动中，学习者的注意力主要集中在表达意义上，而不是在操练语言形式上。Skehan（1998）指出了任务的几个要素：① 表达意义是首要目的；② 学习者需要解决某个交际问题；③ 学习者所做的事情要与现实生活中的某些活动有联系；④ 完成任务是最重要的（如何完成以及完成的情况是次要的）；⑤ 对活动的评价要以结果为依据。

从以上定义我们可以看出，不同学者所提出的定义各有侧重，有的强调任务的认知过程，有的强调任务的交际目标。在对已有的定义进行总结的基础上，Ellis（2003）提出任务的六个关键特征，即任务是一个活动计划；任务首要关注的是意义；任务涉及在真实世界里运用语言的过程；任务可以涉及四大技能中任何一种或多种技能；任务要求认知过程的参与；任务要求有明确定义的交际性结果。Samuda & Bygate（2008）提出了任务的以下五个特征：① 任务是整体的教学活动；② 任务的完成需要使用语言；③ 任务通常有一个语用的结果，而不是语言的结果；④ 任务的完成要给学习者带来一定的挑战，以促进语言能力的发展；⑤ 任务往往通过学习过程或学习结果或二者兼有来促进语言学习。

上述对任务定义的简单梳理有助于我们进一步认识这一概念的发展，从而更好地理解任务的本质特征。虽然任务研究者未能对任务达成一个统一的定义，但是他们基本认可任务所具有的某些共同特征。这些共同特征构成了任务的核心要素。本研究中的任务本质上属于交际性口语任务，具备 Samuda 和 Bygate 提出的任务的大部分特征，即学习者需要使用目的语才能完成，与现实生活相关。同时，对学习者而言，任务具有一定的挑战性。

2.1.2　任务的类型

任务可以按照不同的标准分为很多类型。按照任务的完成的方式可以分为独白式任务和对话式任务。独白式任务只需要学习者自身独立完成，而对话式任务则需要学习者之间通过互动共同完成。按照任务中相关信息的分配形式不同可以分为单向型任务和双向型任务。在单向型互动任务中，任务完成的一方具有所有的信息，因此成为信息的提供者，而另一方则成为信息接收者。在双向型互动任务中,任务的双方各有一半的任务相关信息,彼此既是信息的提供者又是信息的接收者。根据任务给学习者创造机会使用的语言结构多少的不同可以分为聚焦型任务和非聚焦型任务(Loschky & Bley-Vroman,1993)。其中,聚焦型任务可以给学习者提供使用某一个或几个语言结构的大量机会,而非聚焦型任务则不针对具体的语言结构。按照任务结果特征的不同又可以分为一致性任务和非一致性任务。一致性任务指的是要求学习者通过互动讨论得出一个共同的结论或达成一个共同的结果的任务。而非一致性任务通常不具有一个固定的结果或结论,学习者需要就很多可能的结果进行讨论。通常来讲,非一致性任务要比一致性任务能够诱发更多的互动。

受互动假说的影响,Pica, Kanagy & Falodun(1993)按照互动方式和交际目标的不同把任务分为以下五种类型。① 拼图式任务(jigsaw tasks)。这类任务要求小组成员各持有故事的一部分,同伴之间需要经过合作将故事拼接完整。这类任务并不限于故事,可以是任何一个完整的信息载体,比如,信件和表格。② 信息差型任务(information-gap tasks)。这类任务要求两人结对完成。两人各持有对方不知道的信息,他们运用所学语言进行交流,通过交换信息得到对方所掌握的情况。③ 解决问题型任务(problem-solving tasks)。这类任务是分配给学生一个任务和一些相关信息,学生需要经过讨论找出解决问题的答案,答案可以有多种,也可以是唯一的。④ 决定型任务(decision-making tasks)。这类任务是让学生通过讨论达成一致意见,选择一个决定。⑤ 交换观点型任务(opinion exchange tasks)。这类任务主要是让学生表达不同的想法或不同的观点。

二语任务研究者认为,不同类型的任务会对学习者的二语产出产生不同的影响。Skehan & Foster(1996)就曾考察了以下三种类型的任务的影响:个人信息型、叙述型和决定型。他们发现,上述类型的任务对学习者产出的复杂性、准确性和流利性产生了不同的影响。研究者关于任务的分类推动了二语习得领域的任务研究,也为教师选择任务提供了重要参考。依据具体教学目标和研究目的的不同,教师和研究者在实践中通常需要选择不同类型的任务。例如,教师可以采用聚焦型任务强化学习者对某一语言形式的学习,也可以多采用互动型任务给学习者创造互动产出的机会。

2.2　任务难度与任务复杂度

任务复杂度,字面理解即为任务的复杂程度。鉴于任务复杂度是本研究中的核心变量,本部分将重点介绍任务复杂度这一概念的由来与发展。任务复杂度这一概念的所指较为广泛,正如迄今为止仍然没有统一的关于任务的定义一样,二语任务研究领域目前对任务复杂度的认识也不尽相同。与任务复杂度密切相关的另一概念是任务难度,在任务研究的文献中,这两个概念常被互换使用。由于研究者对这两个概念的所指不尽相同,这使得二者的关系较为复杂。为了明确本研究中任务复杂度的概念所指,很有必要对这两个概念进行澄清。本部分将从任务难度开始论述,重点介绍国内外较新的几个任务难度/复杂度框架,最后做简要的评价。

2.2.1　早期研究者对任务难度的理解

很久以来,任务教学和研究领域的学者们都使用任务难度这个概念。在任务型语言教学中,任务难度这一概念的产生源于教学大纲中任务排序的需要。为了能够在教学中选择更适合学生水平的任务,确定任务的难度变得尤为重要。一方面,由于倡导任务教学的研究者们认为学习者通过完成一系列不同难度的任务可以促进他(她)们的二语产出和发展。另一方面,由于考察任务特征对学习者二语产出的影响有助于我们理解实验研究和课堂教学环境下二语习得的过程,任务难度已经成为设计任务时需要考虑的重要因素之一(Ellis,2003;Nunan,1989)。

早期二语研究者对任务难度的探讨主要是受一语任务研究的启发,他们提出了任务难度的一系列维度。Crookes(1986)在综述了一语任务研究成果的基础上,提出了以下任务复杂度因素:目标、过程、反应、输入刺激以及刺激-反应之间的关系。一语任务研究的一个有益启发就是将任务本身因素与学习者因素分开对待,任务难度的定义是大致围绕活动、文本和学习者三方面组织的(Brindley,1987;Candlin,1987;Nunan,1989)。活动因素包括任务的认知负荷、语言的复杂程度,以及学习者对任务类型的熟悉度等;文本因素指的是是否提供输入,以及文本的长度、清晰度和熟悉度;学习者因素指学习者自信心、动机,以及先前的学习经历等。

Brown & Yule（1983），以及 Brown，Anderson，Yule & Shillcock（1984）认为，可以以任务所包含的信息的数量及其他区别性特征来区分任务的复杂度。比如，涉及六个人物、三个地点与两个或更多时间框架的任务要比涉及两个人物、一个地点与一个时间框架的故事要复杂。Candlin（1987）建议采用如下五条标准来对任务进行选择和分级：认知负荷、交际压力、特殊性与一般性、语码复杂程度与理解密度、加工的连续性。Brindley（1987）认为任务难度由下列因素决定：与学习者的关联程度、教学复杂度和认知需求、所提供的情境多少、提供的帮助、要求的准确性以及可支配的时间。Prabhu（1987）认为以下因素决定任务难度：所提供的信息的数量和类型、要求进行推理和认知操作的数量、学习者具有的关于世界的知识和对任务目的与限制的熟悉度以及任务所涉及的概念的抽象程度。Nunan（1989）认为任务难度受输入因素、学习者因素和活动因素三方面的影响。Robinson（2001b）指出，较早时期的这些主张最大的问题是它们提出的任务复杂度因素不能够量化，因此在实际中很难操作。

2.2.2　Skehan 的任务难度框架

Skehan（1996）认为，Candlin 的任务难度的标准与实际缺乏明显的联系。他发展了 Candlin 的框架，提出可从编码复杂度、认知复杂度和交际压力三个方面对任务难度进行分析（见表 2.1）。编码复杂度主要涉及语言输入的句法和词汇难度，包括语言复杂度与多样性、词汇负荷与多样性、冗余性与密度。该观点认为，需要更多复杂句子结构和复杂词汇的任务难度更大。认知复杂度包括认知熟悉度（话题熟悉度与可预测性、篇章题材熟悉度、任务熟悉度）和认知加工（信息组织、所需计算量、信息量的清晰度与充分性、信息类型）。交际压力包括时间的限制、陈述的速度、参与的人数、篇章的长度、回应的方式、控制交际的机会。在 Skehan & Foster（2001）看来，任务难度与任务需要学习者付出的注意多少有关，困难的任务比简单的任务需要更多的注意资源。

Skehan 认为，这样的一个框架可以用来对任务进行分析、比较或者排序。而合理选择任务将获得的回报是：首先，学习者能够在流利性和准确性之间达到一种有效的均衡，适当难度的任务可以将均衡的注意力关注于上述两个方面；其次，学习者有机会在完成任务的过程中应用已有的知识进行重建。

表 2.1 Skehan 的任务难度影响因素框架(改编自 Skehan,1998:99)

编码复杂度	认知复杂度	交际压力
● 语言复杂度与多样性 ● 词汇负荷与多样性 ● 冗余性与密度	(1)认知熟悉度 ● 话题熟悉度与可预测性 ● 篇章题材熟悉度 ● 任务熟悉度 (2)认知加工 ● 信息组织 ● 所需计算量 ● 信息的清晰度与充分性 ● 信息类型	● 时间限制与时间压力 ● 呈现速度 ● 参与者数量 ● 文本长度 ● 回应类型 ● 控制互动的机会

Skehan & Foster 通过一系列研究,发现不同篇章类型所涉及的特点会造成的任务复杂度不同(Foster & Skehan,1996;Skehan & Foster,1997,1999)。他们比较了个人任务、叙述任务、决策任务三种不同的类型,结果发现,学习者对个人任务最熟悉,这降低了该类任务的认知复杂度。Skehan 等人还发现,任务的结构性也是影响任务复杂性的重要因素之一。他们认为,结构松散型的任务比结构紧凑型的任务对学习者所要求的认知负荷更高,因此难度更高。

2.2.3 Robinson 的任务复杂度框架

目前,在二语任务研究领域影响较大的另一任务分析框架是 Robinson(2001a,2001b,2005,2011)的三因素框架(表 2.2)。Robinson 认为,任务特点可以从以下三个方面进行划分:任务复杂度、任务条件以及任务难度,分别对应任务本身的认知因素、任务完成时的互动因素以及学习者情感和能力等因素。相比 Skehan 而言,Robinson 对复杂度和难度做了区分,他认为任务复杂度指的是任务本身固有的特性,而任务难度依赖于学习者情感和认知能力等因素。Robinson(2001a:29)对任务复杂度的定义是"任务结构给学习者造成的注意、记忆、推理,以及其他信息加工负荷"。任务难度指的是学习者对任务需求的感知,这种感知既受情感因素(如完成任务的动机)又受能力因素(如学能)的影响。Robinson(2001a,2001b,2003)声称,任务复杂度能够解释个体学习者在任何两项任务中的表现差异,而任务难度能够解释个体之间在同一任务中的表现差异。

表 2.2　Robinson 的三因素任务分析框架(改编自 Robinson, 2001a, 2005, 2011)

任务复杂度 (认知因素)	任务条件 (互动因素)	任务难度 (学习者因素)
(1) 资源指向型变量 ● +/− 情境支持 ● +/− 元素多少 ● +/− 推理需求	(1) 参与变量 ● 单向/双向 ● 开放性/封闭性 ● 统一型/分散型	(1) 情感变量 ● 焦虑 ● 动机 ● 信心
(2) 资源分散型变量 ● +/− 构想时间 ● +/− 先前知识 ● +/− 任务单一性	(2) 参与者变量 ● 是否相同性别 ● 权势高低 ● 彼此是否熟悉	(2) 能力变量 ● 工作记忆 ● 学能 ● 智力

　　Robinson（2001a）指出,图中每个任务复杂度变量既可以表示有或无,也可以视作程度强弱的连续体。例如:+few elements 表示任务涉及的元素较多,而 −elements 表示任务涉及的元素较少;+reasoning 表示任务需要学习者进行推理或给学习者形成较强的推理负荷,而 −reasoning 则表示学习者不需要推理或任务的推理负荷相对较轻。Robinson 进一步将任务复杂度分为资源指向和资源消耗两类维度。资源指向型维度主要包括任务的情境支持、元素多少以及推理需求。资源分散型维度下主要指学习者是否有构想时间、任务是否包括更多的次任务(sub-task),以及学习者所具有的先前相关知识的多少等。Robinson 认为,资源指向型复杂度变量对学习者的注意和工作记忆提出更高的要求,并能够将它们引向语言资源。因此,沿着资源指向型维度增加任务复杂度可以将学习者的注意力在同一资源库中引向那些具体的、与任务相关的语言编码。例如,Robinson（2001a）的研究中发现,需要因果推理的任务可能会诱发大量从属结构的使用,涉及元素数量更多的任务可能会产生更多的定语形容词和关系从句。资源分散型变量可以增加学习者注意和记忆资源的程序性负荷,但不能将这些资源指向任何语言系统上。例如,让学习者同时完成两个任务,或者不给他们提供先前的知识和构想时间都会分散学习者的注意力。

2.2.4　国内研究者对任务难度的探讨

　　受国外二语任务研究以及任务型语言教学的发展的影响,国内研究者对二语学习中的任务表现出越来越多的关注。然而,国内的研究者对于任务难度(或复杂度)的理论探讨相当不足。造成这种情况的原因主要有：① 国内外语研究领域对任务概念的接触相对较晚,研究者过度依赖国外的任务难度分类框架;② 任务难度概念本身较为复杂,涉及众多因素,这使有些研究者望而却步。虽然国内对任务难度的理论探讨较少,但是仍有研究者做出了有益的尝试。其中,罗少茜等对任务型评价与教学中的任务难度问题进行了系统的探索(罗少茜,Skehan,2008;Luo,2009;罗少茜,2008,2010)。

Luo(2009)首先检验了 Norris, Brown, Hudson & Bonk(2002)的难度分类框架在我国英语教学环境下的适用性。结果表明,Norris 等人提出的模式不适用于我国的英语教学情境,应该结合国内的特点进一步改进任务难度的框架。在收集了大量相关数据的基础上,Luo 构建了以"输入—信息处理—输出"(简称 IPO)为核心的任务难度框架。该框架以 Skehan 提出了任务难度框架为基础,主要包括三个范畴:信息输入、信息加工和信息输出。在这三个范畴下,又包括信息、语言、条件和支持等难度变量。Luo 提出的 IPO 框架共涵盖了十三个难度变量。她还对 IPO 任务难度框架进行了详细的阐释,并结合国内英语教学的实际提出了每个变量的分级标准。该研究是国内学者对任务难度问题进行的一次有益探索,为国内任务型语言评价提供了直接的、可操作的分析模板,同时对国内任务型语言教学也具有指导意义。

2.2.5 对任务复杂度(难度)框架的简要评价

上述论述体现出研究者对任务复杂度概念的认识逐步深入,新的框架通常在旧的框架基础上产生。Skehan 与其他学者所指的任务复杂度定义相对模糊,也包括更多的内容,而 Robinson 明确提出以认知负荷衡量任务复杂度,并提出任务复杂度的定义。事实上,虽然研究者对任务复杂度具体因素的划分有所不同,但是他们彼此也存在一致的地方。例如,Robinson 和 Skehan 的框架中都包含先前知识变量,但是 Skehan 框架中的信息加工量似乎又可以包括 Robinson 框架中的推理需求等几个不同的变量。此外,Skehan 所提出的交际压力主要被 Robinson 归为了任务条件部分。Luo 的 IPO 框架也包括了推理需求变量,同时框架中的支持(support)变量也涵盖了 Robinson 框架中的情景支持变量。Robinson 的框架最大的不同就是区分了资源指向和资源分散两种任务复杂度类型。Robinson 认为,任务复杂度(任务的认知因素)是进行任务分级的唯一标准。这使得该框架相比以往的任务分级框架在实践中更具操作性。然而，Robinson 的框架也不乏不足之处，框架本身仍存在缺陷。尤其是，该框架没有明确每个变量的操作性定义，因此，仍有待进一步的修正与完善（Samuda & Bygate，2008；Révész，2014）。

2.2.6　小　结

通过对相关文献的梳理，可以发现，研究者对于任务复杂度的认识逐步深入。虽然他们在某些具体分类方式上有所区别，但也存在一些共同之处。研究者基本认为任务的某些特点能够影响任务给学习者带来的认知负荷，而认知负荷越高，任务的复杂程度也就越高。换言之，他们的共同点是都以认知负荷的高低区分任务复杂度。

2.3　任务复杂度与学习者二语产出

在明确了任务复杂度的概念发展之后，本部分将集中论述任务复杂度与学习者二语产出的关系。首先回顾了二语产出的衡量指标，之后呈现了关于任务复杂度的两大假说，接下来综述了已有的相关实证研究，最后对国外研究现状进行了评价。

2.3.1　二语产出的衡量指标

在二语习得研究领域，目前较为普遍的做法是从复杂性（complexity）、准确性（accuracy）和流利性（fluency）（以下简称 CAF）三个维度衡量学习者语言产出或习得。CAF 的产生源于 20 世纪 80 年代二语教学法研究中在衡量学习者口语水平发展时做出的流利性和准确性运用的区分。20 世纪 90 年代，复杂性这一指标被纳入学习者水平衡量维度。同时，这三个维度被赋予了操作性定义，它们一直被沿用至今。表面看来，复杂性通常指更为高级的阶段，准确性可以理解为没有错误，流利性基本可以等同于语速。然而，对这三个维度的理解远非如此简单，它们本身都是多维的，包含复杂的内容（邢加新，2014）。即便是二语习得的研究者们对它们的定义也并非完全一致。相应地，研究者采用了不同指标去衡量每个维度。

为了对学习者语言中某些形式或特征的频率进行分析，研究者需要将学习者的语言分为具有一致性的可分析单位。与书面语不同,口语的产出没有标点符号的切分,而且包含很多次短语单位,尤其是在无计划的自然产出中。在定义话语单位时,研究者曾使用很多不同的单位切分学习者的口语产出。语言切分的标准既有语义的标准(如命题、概念单位、C 单位),也有句法的标准(如句子、T 单位)。在口语和书面语产出中使用最广的基于句法标准的切分单位是 T 单位(Foster, Tonkyn & Wigglesworth, 2000; Norris & Ortega, 2009)。T 单位最早被用于对书面语文本句法复杂度的分析[1]。研究者在分析口语时,通常都在 T 单位的基础上进行一定的修改。这样做的主要原因是,口语中含有很多省略、重复等不完整的成分。Foster, Tonkyn & Wigglesworth(2000)倡导使用 AS 单位[2],他们认为该指标适合用于口语分析,研究者不需要进行必要的修改。AS 单位在本质上来讲仍然是一个句法单位,但不同的是该单位辅助使用语调和停顿等信息进行编码切分。

复杂性是三者中最难定义的。它既可以指二语任务的本身特点,又可以指二语产出的衡量维度。即便是用来描述语言的表现,复杂度这一概念仍然有多种含义,因为它可以被用于语言和交际的不同方面。Skehan & Foster(1997: 191)曾将复杂性定义为"更有挑战性的语言"。然而,这样的定义似乎看起来复杂性不是语言产出的一个特征,反而更像是语言发展的一个倾向。Ellis & Barkhuizen(2005: 139)认为,复杂性是学习者中介语系统中"尚未完全被自动化的,处于中介语系统中较高层次的语言"。Pallotti(2009)指出,复杂性至少有三种意义。第一种指的是语法结构的复杂,第二种指的是多样性,最后一种是从习得的过程顺序而言的,即较晚被习得的通常被认为更为复杂。

通常来讲,二语习得研究者关注衡量学习者的句法或语法复杂性。Norris & Ortega(2009)认为,至少需要以下三种语法复杂性指标:整体复杂性(global complexity)、短语复杂性(phrasal complexity)、主从复杂性(complexity by

---

[1] Hunt(1965)提出了 T 单位的概念,将其界定为"主句和所有从句及附着或嵌入的非从句结构组成的句法单位"。他认为,在语法上 T 单位是"最小终止单位"。T 单位保留了所有主从关系以及单词、短语、从句之间的并列关系,但每一个并列子句构成单独的 T 单位。基于 T 单位的测量方法被应用于二语习得和其他研究领域。

[2] AS 单位指的是"说话人所说的一个话语单位,包括一个独立子句,或者次子句以及与独立子句和次子句相关联的从句"(Foster, Tonkyn & Wigglesworth, 2000: 365)。与 T 单位不同,AS 单位允许包括次子句,即口语中作为独立话语单位的单词或短语。

subordination）。整体复杂性能够从整体意义上反映语言的复杂度情况，通常采用句子单位的长度（如每 AS 单位的单词数）来衡量。事实上，平均长度被认为是衡量二语写作水平的最佳标准（Larsen-Freeman, 2009）。学习者增加句长的一个普遍的方式就是更多地使用从句。因此，大多数研究者都使用从属性指标。该指标通常使用每个句长单位中的平均子句数或从句在所有子句中所占的比例来衡量。学习者还可以通过修饰或名词化等形式使语言更加复杂，短语复杂性正可以反映这一情形。高水平学习者会更少地依赖从属结构增加语言复杂性，他（她）们的短语复杂性通常更高（Norris & Ortega, 2009）。鲍贵（2009）认为，长度与密度是两类既有联系又有区别的指标。子句密度增加意味着单位长度内从属句的含量增加，用词数量也会相应增加。但是，长度的增加并不仅仅依赖于从属句的增加，名词化短语、动词不定式短语、分词结构或修饰语的增加等都会使长度单位内用词的数量增加。长度测量强调句法复杂性的广度或范围，子句密度测量则偏向于句法复杂性的深度或从属程度。

学习者的词汇使用通常也被视为语言复杂性的一方面。在二语任务研究领域，研究者对学习者词汇使用的考察通常包括词汇多样性和词汇复杂性两方面。多样性反映的是学习者在使用的所有词汇中不同词的数量。词汇多样性常采用类符形符比（TTR）的形式，其计算方式为所有不同词的数量除以所有词数量。由于 TTR 这一形式易受文本长度的影响，研究者经常使用调整后的 TTR 指标。这些方法主要包括标准化类符形符比（STTR）、平均语段类符形符比（MSTTR）以及 Guiraud's 指数。所有这些指标都是基于 TTR 而针对文本长度做出的调整，相比而言，它们要比 TTR 更为准确。更为复杂的是 D 值，D 值反映说话者避免使用相同语串的概率。它可以由 CLAN 程序下的 VOCD 次级程序计算获得（MacWhinney, 2000）。Treffers-Daller（2009）发现，Guiraud's 指数和 D 值都能够很好地区分不同水平的学习者群体，但相比之下，D 值更为有效。目前，国外的二语研究者们越来越多地采用 D 值这一指标衡量词汇多样性。

词汇复杂性反映的是学习者使用的所有词汇中罕见词汇的程度（Read, 2000）。研究者提出了多种方式衡量学习者词汇复杂性，其中使用比较多的是 Laufer & Nation（1995）的词频概貌（lexical frequency profile, LFP）。词频概貌以 Nation（1990）的二语写作词表为参照，将学习者使用的词汇分为四个等级,其中前 2 000 个最常用的词汇视为简单词汇,超出的词汇作为复杂词汇。
Laufer & Nation 认为,该指标是衡量二语写作者词汇能力的一个可靠指标,使
用该指标所得的值相对稳定,不受任务的影响。然而,该指标的一个不足是
受文本长度的影响,对 200 词以下的文本分析结果并不稳定(Laufer & Nation,
1995)。词频概貌这种形式受到 Meara & Bell(2001)的挑战。他们认为统计学
习者产出的词频概貌在实际操作中操作性不够强,尤其是,第三层次和第四层
次的比例通常很小,不能够很好地区分不同水平学习者的使用情况。Meara &
Bell 提出采用 Lambda 值衡量词汇复杂性。Lambda 值仍以 Nation(1990)的
词表为参照,但是计算方式不同于词频概貌。Meara & Bell 研究发现,Lambda
值可以用来分析词数较少的文本。

　　准确性或许是三者中最简单,也是内部最一致、争议最小的一个构念,
它指的是与特定标准的一致程度(Hammerly,1991;Wolfe-Quintero, Inagaki &
Kim,1998)或产生无错语言的能力(Lennon,1990;Housen & Kuiken,2009)。
准确性的衡量可以采用计算学习者错误数量的方式。准确性指标包括整体性
指标和具体性指标两种,使用最广泛的整体指标是无错子句数比率(error free
clauses),即正确子句数与子句总数之比。具体性指标指的是特定语言形式的
准确性,比如正确的动词形式或冠词的使用。具体性指标更适合结构聚焦型
任务(focused tasks)。对于非聚焦型(unfocused tasks)任务,Ellis & Barkhuzen
(2005)以及 Skehan(2009,2014)推荐采用整体性指标。研究者通常使用两种
方式衡量学习者整体准确性,第一种是统计没有错误的语言结构单位,如子
句、T 单位、AS 单位。典型的计算方式是无错 T 单位比率、无错子句比率以
及平均 T 单位内无错子句比率(Wolfe-Quintero, Inagaki & Kim,1998)。另一
种方式是统计语言产出单位内错误数量,如平均 T 单位错误数量。基于频数
的计算方式受到有些研究者的批评,因为它以目的语规范为标准,忽视了某些
不规范的形式也可以充分地完成交际的事实。

　　作为语言表现的一个维度,流利性可以被定义为"以正常速度没有中断
地讲话的能力"(Skehan,2009b:510)或"在去掉不必要的停顿后所剩的时间
内语言的产生"(Ellis & Barkhuizen,2005:139)。这两个定义都体现出一定的
参照性,通常它们以母语者的行为为参照标准。流利性包括流利性因素和非
流利性因素。语言的流利性通常指语速(speech rate)或发音速度(articulation

rate)。非流利性因素包含停顿、重复、犹豫和自我修改等层面。语速通常采用单位时间内的音节或单词数计算,例如每秒钟产出的音节数或每分钟产出的单词数。基于对国外相关研究的详细综述,国内学者张文忠、吴旭东(2001)提出了 12 类流利性指标。这些指标可以分为四大类,即时间性指标、内容指标、语言指标和表达性指标。

由以上论述可以看出,研究者对于语言产出的三方面的具体定义及衡量方式不尽一致,有时甚至存在争议。在任务研究领域,研究者同样采用了大量不同的指标衡量学习者在口语或书面语任务中的语言产出。Skehan(2003)认为,研究者所采用的不同的任务表现衡量方式反映了他们不同的理论立场。比如,互动主义者关注澄清请求、确认核实、理解核实以及重铸等各种意义商讨指标(Long, 1996; Mackey & Philp, 1998; Russell & Spada, 2006),基于社会文化理论的研究者倾向于使用语言相关片段(language-related episodes)和话轮等指标(Lowen, 2005; Swain & Lapkin, 2001; Williams, 1999)。认知视角下的研究者则通常使用复杂性、准确性和流利性等指标衡量学习者任务表现(Foster & Skehan, 1996; Skehan, 1998; Yuan & Ellis, 2003)。

Yang(2014)检索了 40 篇任务复杂度研究的相关文献,并对它们所采用的语言产出衡量指标进行了汇总,其具体情况如表 2.3 所示。该表至少可以说明以下几点:① 已有的研究对语言准确性和句法复杂性的衡量基本以整体性指标为主,少量研究使用具体性指标。② 多数研究以 T 单位为基本的言语产出单位。同时,从属复杂性是衡量句法复杂性的一个重要指标。③ 大多数研究以词汇多样性指标考察学习者产出中的词汇使用情况,只有较少的研究涉及词汇复杂性。④ 已有的研究基本以非流利因素和语速等指标衡量语言流利性。

三个维度的产生顺应了二语习得研究中衡量学习者语言发展的需求。毋庸置疑,它们自产生以来有着巨大的贡献,为研究者和教师们提供了一个相对客观的衡量标准。然而,在丰富研究的基础上,重新审视这三个维度及其衡量指标,可以说它们存在以下几点不足,抑或是需要补充完整的地方。

(1)CAF 并不能完整地体现语言的发展,对三个维度的解读应慎重。准确性不等于语言发展。事实上,在一定程度上,准确性与语言发展是两个独立不同的构念。比如,我们不能说每百词有十个虚拟语气和条件句错误的短文

表 2.3　任务研究中所用的语言产出衡量指标汇总

准确性	句法复杂性
共 39 项研究 ——无错子句比例(44%) ——无错产出单位比例(以 T 单位为主)(23%) ——冠词的正确使用比例(18%) ——其他语言结构的正确使用比例(15%) ——标准化之后的错误数量(15%) 不足 10% 的研究使用了: ——动词相关的错误比例 ——错误修正的数量 ——词序错误的比例 ——用词错误的比例 ——无错子句的平均长度	共 33 项研究 ——从属数量(多数采用产出单位内的子句数量,如 T 单位、C 单位或 AS 单位内子句数量)(73%) ——产出单位内 S 节的数量(基本使用 T 单位)(36%) ——产出单位的长度(如 AS 单位、C 单位、T 单位、话语)(24%) 不足 10% 的研究使用了: ——多命题话语的数量 ——不同动词形式的数量 ——平均每个话语单位的命题数量 ——主动词前的单词数 ——平均每个中心名词前的修饰词数量 ——并列动词短语的数量 ——被动语态的数量
词汇使用	流利性
共 25 项研究 ——词汇多样性指标(类符形符比、调整后的类符形符比)(68%) ——词汇密度指标(实词与总词数比率、实词与功能词的比率)(36%) 不足 10% 的研究使用了: ——词汇复杂性指标(如词频概貌) ——动词使用的范围	共 32 项研究 ——非流利指标(如停顿数量、沉默时长)(53%) ——修正流利性(如单词替换、错误开始、更改、重复)(44%) ——语速(如每秒钟音节数量、每分钟单词数量)(38%) 不足 10% 的研究使用了: ——单词总数 ——书写速度(每分钟单词数量)

(改编自 Yang,2014:43-44)

比另一篇每百词有十个冠词和代词错误的短文更准确。但是,却可以说前者比后者更加"高级"。即便是就某一特定结构而言,也并非准确性越高越好。Sanell(2007)曾以瑞典的法语学习者为例,在表达否定时,初级的学习者会错误地使用"je vais pas"的形式,后来逐渐使用正确形式"je ne vais pas"。然而,研究发现高水平学习者倾向于使用"je vais pas"这一形式。这虽然在语法上是错误的,但在口语中很普遍。因此,这反映出的是学习者社会语言能力的提高。同样地,并非流利性越高就说明学习者水平越高。在实际的交际中,讲话者的语速视不同情况存在一个理想值,太快了就会出现负面效应。事实上,无论从心理语言学还是从交际的角度而言,停顿或其他非流利因素本身就具有交际的功能。因此,CAF 三个维度只能说部分地反映学习者语言的产出,并未考虑到语篇和语用等能力的发展。

(2)语言产出的目的是交际,CAF 并不能有效地评价交际的成功与否。我们可以借用 Pallotti(2009)提供的例子很好地说明这一问题。例如,在一项信息差任务中,若是学习者毫不犹豫地说出"Colorless green ideas sleep furiously on the justification where phonemes like to plead vessels for diminishing our temperature."这句话,那么从 CAF 三个维度来言,其得分都是非常高的。但是,这与所需要的交际全然不相关。相反地,并不复杂和准确的句子却能够很好地实现交际的意图,如"No put green thing near bottle. Put under table."。

(3)CAF 强调语言学习中的因果性和线性发展,忽视了语言学习的非线性和动态性。语言不是简单的习得与否,而是处于一种不断的变化之中,这其中有进步,也有倒退。因此,在衡量学习者语言的变化发展时,我们不能仅依赖于 CAF 这样线性的考察方式。动态系统理论(Dynamic System Theory)认为,认知资源是有限的,但又是相互关联的,并可能是互补的。持这种理论的研究者不承认语言学习中的因果效应模式。因此,即便是有时存在某种竞争效应,但并不意味着存在一种因果或线性的关系。再者,他们认为这种竞争关系只是暂时的现象。二语研究中越来越多的发现都体现出语言发展的非线性。因此,不论是 Larsen-Freeman 的复杂理论(Complexity Theory)还是动态系统理论,它们的观点都应使相关的研究者进一步思考 CAF 维度的有效性。

二语习得研究作为一门独立的学科已经走过了 40 余年的发展历史,将 CAF 应用于衡量二语学习者的语言产出也已有 20 多年。我们承认它们的产生和运用在很大程度上推动了二语习得研究学科的发展。但是,同样不可否认的是,它们缺乏一个较为统一的定义及测量方式,因此,难以对本领域的不同研究进行比较。三个维度的解释力不足,不能反映二语习得的全过程。同时,它们忽略了学习者语篇、语用能力的发展。CAF 为描述学习者语言产出以及这种产出的多维性提供了很好的起点。为了更好地运用这三个维度,研究者应尽快在其操作化定义上努力达成一致,并产生标准化衡量指标。只有这样,比较不同研究的结果才会成为可能(邢加新,2014)。

2.3.2　关于任务复杂度的两大假说

关于任务复杂度对学习者二语产出与发展的影响,研究者做出了不同的预测。有两种不同的假说(或模型)都致力于研究任务复杂度的影响:Skehan 和 Foster 的 竞 争 假 说(Skehan, 1996, 1998, 2003, 2014, 2015; Skehan & Foster, 1999, 2001)以及 Robinson 的认知假说(2001, 2003, 2005, 2007, 2011)。从根本上说,它们都尝试解释任务复杂度对语言产出的影响,但因为对注意力资源的理解不同,所以对最后的语言产出做出了不同的预测。两大假说都认为任务给学习者造成的认知负荷会影响他们的语言产出,但具体到如何产生影响,二者存在不同的观点。

2.3.2.1　Skehan 和 Foster 的竞争假说(Trade-off Hypothesis)[①]

竞争假说在有些任务研究文献中常与注意有限容量模型(Limited Capacity Model)等同使用。事实上,严格来讲,注意有限容量模型是竞争假说产生的基础,而竞争假说是以注意有限容量模型为基础做出的关于任务复杂度与学习者语言产出复杂性、准确性和流利性三方面之间关系的预测。因此,谈及 Skehan 的竞争假说需先从注意有限容量模型开始。

注意有限容量模型认为,学习者的注意力容量是有限的(Skehan, 1996, 1998, 2003; Skehan & Foster, 1997, 1999, 2001, 2005)。容量的限制便意味着学习者可以关注的信息量是有限的。因此,学习者在完成任务时便需要在任务所要求的所有的过程之间共享可以支配的认知资源,如输入的选择、信息加工目标的指向以及反应行为(Baddeley, 2003)。如果任务的负荷超出了可支配的资源总量,不同的过程之间便会相互竞争,注意的控制功能会决定如何分配注意资源。例如,学习者会优先关注他认为的任务的某些重要方面。

Skehan 从认知的角度出发,认为人类的注意力资源是单一的,二语学习者的注意力资源是有限的,二语学习者和使用者的注意资源有限性会使任务表现的三个方面(语言复杂性、准确性和流利性)竞争可以支配的资源(Skehan & Foster, 2001)。换言之,任务表现过程中不同的过程会彼此竞争有限的注意资源。由于只有那些获得足够注意资源的方面会达到最优的表现,那些没有受

---

① 国内关于该术语的翻译方式不尽相同,常见的有竞争假说、制衡假说和矫枉过正假说。

到关注或学习者关注不够的过程整体表现的质量就会降低。如果注意力分配到语言产出的一个方面,就会导致其他方面受到负面影响。他的这种观点因此被称为竞争假说。Skehan 认为,在二语任务中,学习者首要的是达成交际目标,为此他(她)们会优先关注意义,其次才是语言形式。从注意有限容量的角度,二语任务的认知复杂度不能过高。在完成认知复杂度很高的任务时,学习者的大部分注意力会被交际目标耗掉,而只剩下很少部分关注语言的形式方面。

Skehan & Foster(2001)提出了如图 2.1 所示的模型阐释学习者二语产出的竞争效应。

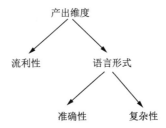

图 2.1   二语任务产出的竞争效应模型(Skehan & Foster,2001)

在复杂任务中,首先流利性和语言形式相互竞争,说话者牺牲一方而关注另一方。在语言形式方面,语言的复杂性和流利性又会竞争剩余的注意资源。竞争假说认为,在完成复杂任务时二语学习者会关注语言产出的某一个方面。也就是说,如果他(她)们关注语言复杂性,那么语言的准确性就会降低。例如,当二语学习者试图使用更为复杂的结构和不常用的词汇时,他们就会产生更多的错误。相反地,如果学习者选取相对稳妥的方法尽量去控制语言而关注准确性,他们就会避开那些尚未被控制的目的语结构。由于二语学习者依赖更简单的已知的语言形式,他们的语言产出会更准确,但语言的复杂性相对不那么复杂(Skehan & Foster,2001)。

2.3.2.2   Robinson 的认知假说(Cognition Hypothesis)

与 Skehan 的竞争假说不同,认知假说声称二语学习者可以依赖不同的注意资源库。Wickens(1991,2002,2007)的多重注意资源模型是认知假说提出的主要理论依据。该模型的中心观点是:人类信息加工可以被分为不同的维度,当一项任务要求同一维度下进行多个处理过程时,信息的并行处理就会造成行为或表现中出现问题。但是,当任务表现涉及不同的维度时,并行处理就是可能的,而且注意资源不会形成竞争。

　　Robinson 同样认为二语学习者的注意力资源是多维的。他将任务的认知因素分为资源指向和资源分散两种类型(见表 2.2)。资源指向型指可以通过这些变量增加或者减少认知负荷。同时,为满足认知概念需求,这些变量还能够将学习者的注意资源引向某些语码特征。资源分散型变量不会指引注意资源到一些具体语言代码中。在完成任务过程中,这些变量需要消耗额外的认知资源。Robinson 认为,当以资源指向型变量控制的任务复杂度发生变化时,语言产出的准确性和复杂性不存在此消彼长的效果。相反地,复杂度高的任务会使得学习者语言产出的准确性和复杂性同时得到提高。

　　Robinson 关于句法复杂性的预测得到以下二语习得观点的支持:① Givon (1985,1989)认为,结构复杂性通常与语篇的功能复杂性相关联,因此,增加任务的功能性负荷会导致语言产出更加复杂。② Perdue(1993)指出,增加语篇活动的交际负荷可能会使学习者超出"基本的学习者多样性(basic learner variety)",进而促进习得。③ Rohdenburg(2002)声称,学习者越在复杂的认知情境中越倾向于明显的词汇语法选择。关于语言准确性的预测,Robinson 主要基于 Talmy(2000)的主张。Robinson 认为,一语和二语将概念映射到封闭类语言成分的方式不同,随着二语任务概念和认知负荷的增加,学习者更倾向于将选择性注意关注到这种不同点上,从而最终导致更高层次的准确的语法化。

　　认知假说的基本观点是,任务认知复杂度是进行任务排序时需要考虑的根本因素。它还具有五条辅助性的观点:① 以资源指向变量增加任务的认知负荷能够提高学习者语言产出的准确性和复杂性;② 认知负荷更高的任务能够产生更多的互动与意义商讨,还能够强化学习者对输入的注意与记忆;③ 复杂任务引发的对输入的更强的关注能够使学习者进行更深层次的输入加工,进而有利于输入信息的长时记忆;④ 按照从易到难的顺序完成任务能够为学习者带来更高的自动性;⑤ 随着任务复杂度的增加,学习者情感因素与认知能力等个体差异在学习与表现中的区分性会更大(Robinson,2011)。

2.3.2.3　两大假说的不同

　　两大假说都对任务表现的复杂性、准确性和流利性三者之间关系进行了预测。Robinson 对任务复杂度变量进行了分类,Skehan 未进行分类。二者关于资源分散型复杂度变量对学习者产出影响的观点一致,不同点集中在对资源指向型复杂度变量的影响上。总体而言,二者存在下列不同。① 理论依据不同。竞争假说以认知心理学中的注意资源有限模型为基础,认知假说则以 Wickens 的多重资源有限模型及其他认知语言学理论为基础。② 预测范围及强度不同。认知假说内容更广,关于准确性和复杂性的预测只是其中一部分内容,它还涉及对学习者互动产出以及个体因素影响等方面的预测。同时,认知假说的观点更为激进和绝对。相比之下,竞争假说的观点则更加温和、谨慎。Skehan 没有明确预测任务复杂度对任务产出三个方面的具体影响,仅指出增加任务复杂度通常很难同时提高学习者的复杂性、准确性和流利性。

事实上,竞争假说也并未完全否认准确性和复杂性可以同时提高(Skehan,2009,2014)。竞争假说也承认,在某些条件下,准确性和复杂性同时提高可以实现,但这并非任务特点本身造成的。因此,竞争假说和认知假说的争议核心并非任务表现的准确性和复杂性是否可以同时提高,而是该两方面的同时提高是否是由任务本身的特点造成的。Skehan(2008,2011,2014,2015)对其观点进行了进一步的阐释,同时对 Robinson 的认知假说做出了回应。他并不否认语言的准确性和复杂性在某些情况下是可以兼得的。但是,他认为这是因为任务的某些特征与任务条件共同作用的结果,并非像 Robinson 所认为的是任务认知难度本身造成的。此外,Skehan 认为,产生上述情况的原因还可能是学习者的群体特点掩盖了个体性。这一点与 Larsen-Freeman 的观点一致。Larsen-Freeman(2006)对五名中国英语学习者的历时研究发现,将学习者视为一个群体考察时,他们在每个维度都呈现上升的态势。然而,当考察具体每个人的语言发展时,却发现他们呈现出不同的发展轨迹,当然包括倒退的现象。

2.3.3 关于任务复杂度与学习者二语产出的实证研究

虽然源于实际教学中任务排序的需要,但是关于任务复杂度的研究很快便被扩展到二语课堂之外。尤其是,研究者们进行了大量的实证研究探讨任务复杂度对学习者语言产出的影响。研究者对于二语任务产出的考察按方式的不同可以分为口语产出和书面语产出两个方面。由于本研究将 Robinson

的三因素分析框架作为选择任务的理论框架,根据本论文的研究目的,本节的综述仅限于根据 Robinson 资源指向型任务复杂度对学习者口语产出影响的研究。依次呈现的变量是情境支持变量、元素多少变量以及推理需求变量。

2.3.3.1　关于情境支持变量(+/− here and now)的研究

二语任务研究者经常使用图片、地图或图表等非言语的视觉刺激诱发学习者口语任务产出。这样的任务可以被设计成两种不同的实施条件,一种是学习者看着图片进行故事叙述,称为此时此地条件或有情境支持的条件。另一种是学习者看过图片后图片被移走,在叙述故事时看不到图片,仅凭对图片内容的记忆叙述图片的内容,即彼时彼地条件或无情境支持的条件。

Robinson(1995)是较早的探究情境支持变量的代表性研究之一。在该项研究中,12 名来自不同一语背景的成人英语学习者被分为两组,分别在此时此地和彼时彼地条件下完成三项图片叙述任务。研究者采用拉丁方设计抵消因不同任务及条件所产生的顺序效应。研究采用的语言产出指标为冠词使用的准确性、命题和句法复杂性、词汇负载、停顿以及话语长度。研究发现,在彼时彼地条件下,学习者的语言准确性更高,但这种优势并不很显著。同样地,研究并未发现不同条件对学习者结构复杂性和命题复杂性造成显著差异。

Rahimpour(1997)进行了一项部分性重复研究。与大多数的任务复杂度研究一致,该研究从复杂性(包括句法和词汇复杂性)、准确性和流利性三方面考察了任务复杂度的影响。与 Robinson(1995)不同的是,该研究同时考察了开放性和封闭性两种任务类型。Rahimpour 将任务复杂度操作化定义为三个层次。研究发现,任务复杂度对语言准确性有积极的影响,而且这种效应达到了统计意义的显著性。但是,该研究并未发现任务复杂度对句法和词汇复杂性方面的显著性效应。

同样地,Iwashita, McNamara & Elder(2001)以及 Gilabert(2007b)等都发现,学生在彼时彼地条件下完成故事复述任务时,口语产出的准确性相比此时此地条件下更高。然而,以上研究都没有发现任务复杂度对学习者句法复杂度的显著性效应。

上述几项研究的发现与 Skehan & Foster(1999)的不同。Skehan & Foster(1999)采用了动画复述任务替代图片复述任务,口语任务为《憨豆先生》中的节选片段。47名中低水平学习者参加了该研究。在此时此地条件下,受试一边看着视频一边进行复述;而在彼时彼地条件下,受试看完视频后再进行复述。研究者采用C单位作为基本分析单位,采用无错子句比作为准确性指标,采用重复、修正等非流利现象衡量语言流利性。他们的研究发现,彼时彼地条件下学习者的句法复杂性提高了,但在准确性和流利性方面没有提高。

为了进一步考察任务的情境支持变量对学习者口语产出的影响,Robinson, Cadierno & Shirai(2009)报告了两项实证研究结果。与大多数研究不同的是,该两项研究全部采用具体性指标衡量学习者的语言产出。其中第一项研究探究的是任务复杂度对学习者表达时间概念时时体使用状况的影响,第二项研究探究的是任务复杂度对学习者表达运动事件时词时使用的词汇化模式的影响。所采用的具体衡量指标受相关的时体研究(Shirai, 2002)和词汇化模式类型学研究(Cadierno, 2008)两方面成果的启发。第一项研究的受试为母语背景不同的12名中等水平的英语学习者,第二项研究的受试为20名母语为日语和20名母语为荷兰语的英语学习者。依据运动事件语义成分的外在语言表征方式的不同,日语属于动词框架语言(verb-framed language),而英语和荷兰语属于卫星框架语言(satellite-framed language)。两项研究的受试分别在此时此地和彼时彼地两种条件下完成口语产出任务。研究一的结果表明,学习者在彼时彼地条件下使用更多、更高级阶段的动词过去式和进行时。研究二的结果表明,母语为荷兰语的学习者英语词汇化模式更加准确。不过研究者们也发现,彼时彼地条件对两种母语背景的学习者英语词汇化模式准确性方面都有积极的影响,虽然这种影响并不大。

Robinson, Cadierno & Shirai(2009)的研究是二语任务研究领域为数不多的采用具体性衡量指标的研究之一。一方面,该研究证明了具体性指标可能比整体性指标更能够捕捉到任务复杂度对学习者语言产出产生的效应。另一方面,研究者采用的具体性指标是基于认知语言学领域的研究发现,这同样为未来研究提供了重要的启示。尤其是,该研究发现,语言类型对任务复杂度效应存在可能的影响,这具有重要的价值。该发现为纳入更多不同母语背景的英语学习者为研究对象提供了重要的理论依据支持。

总体而言,已有的大部分研究发现,在彼时彼地条件下,学习者的语言产出质量更高。但是,关于 +/- 此时此地变量对学习者语言产出复杂性和准确性的具体影响,已有的研究结论并不一致。Révész(2007)指出,已有的研究之所以得出不同的发现,部分原因在于它们基本上将 +/− 此时此地与有无情境支持变量视为一个整体的实体。深入考察研究者们对 +/− 此时此地这一变量的控制方式,不难发现,将学习者语言产出的不同归结为情境支持变量的影响是存在问题的。

在相关的大部分研究中,研究者要求学习者或是一边看着图片用现在时进行叙述,或是在没有图片支持的条件下用过去式进行叙述。这样操作化定义存在的问题是,在没有图片支持的条件下完成任务会对学习者工作记忆造成更大的负担。换言之,情境支持变量与另一资源分散型变量(单任务还是双任务)很可能会存在冲突(Révész,2007)。具体到故事叙述任务,Robinson(1995)也承认,在有情境支持的条件下,说话者只需要描述眼前发生的一系列事件片段;而在无情境支持的条件下,说话者还需要对已存储的事件片段进行提取。因此,有情境支持的条件似乎仅涉及单一认知负荷,而无情境支持的条件却似乎包括双重的负荷。也就是说,如果将 +/− 此时此地变量操作化定义为有无情境的支持,那么这一变量似乎就成了一个复合属性的变量,而不再是单一属性的(Révész,2007)。

显然,若想进一步明确 +/− 此时此地与 +/− 情境支持变量的真正效应,未来研究需要努力地就单独两个变量的影响进行探讨。Révész(2007)曾提出建议,比如在考察情境支持变量的影响时,研究者应该确保学习者在有无情境支持的两种条件下都使用相同的时间框架(现在时或过去时)。

2.3.3.2　关于元素多少变量(+/− elements)的研究

元素多少变量是研究者近年来关注较多的另外一个资源指向型变量。目前对该变量的操作化定义主要有两种。第一种是给学习者呈现涉及不同数量人物或物品的图片并要求进行描述(如 Michel, Kuiken & Vedder, 2007; Michel, 2013)。第二种是要求学习者根据不同数量的标准或要求就一件事情做出选择并给出理由(如 Kuiken & Vedder, 2008)。

在 Robinson(2001a)的研究中,44 名母语为日语的英语学习者被随机分配角色,分别扮演说话者和听话者。研究者以元素多少和先前知识作为任务复杂度控制变量,受试需要完成复杂程度不同的两项地图指令任务。其中,简单任务提供的地图涉及范围较小,因此任务包含的元素较少,而且受试对所要求的两个地点路线较熟悉;复杂任务提供的地图涉及范围较大,任务包含的元素较多,而且受试对地图呈现的路线内容并不熟悉。该研究采用无错 C 单位作为准确性衡量指标,采用平均 C 单位内从句数作为句法复杂性衡量指标,采用类符形符比作为词汇复杂性衡量指标,采用平均 C 单位内词数作为流利性衡量指标。结果表明,学习者在复杂任务产出中的词汇复杂性更高,流利性降低,而且在这两方面均具有显著性差异。虽然在准确性方面没有达到显著性差异,但学习者在复杂任务中的语言产出比简单任务中更加准确。该研究并未发现任务复杂度对学习者口语产出句法复杂度的影响。

Michel, Kuiken & Vedder (2007)考察了元素多少变量在独白式和对话式任务中对学习者口语产出的影响。该研究中的研究对象为 44 名以荷兰语作为第二语言的学习者。研究采用 2×2 的设计方式,任务条件(独白式任务或对话式任务)为组间变量,任务复杂度(简单任务或复杂任务)为组内变量。在简单任务中,研究者向受试提供了一张附有 2 个电子产品彩图的传单;在复杂任务中,研究者向受试提供了一张附有 6 个电子产品彩图的传单。所有的产品都附有简要的特征信息。在独白式任务中,受试需要根据产品的信息介绍给自己的朋友推荐一款产品。在对话式任务中,受试需要跟同伴一起讨论选择一款要购买的产品。与大部分研究不同的是,该研究以 AS 单位作为基本的句法分析单位。结果表明,① 任务复杂度对学习者产出准确性存在显著的主效应,学习者在复杂任务中产出准确性更高;② 整体而言,增加任务复杂度对学习者语言复杂性没有显著性影响;③ 任务复杂度对学习者产出流利性存在显著的主效应,学习者在独白性的复杂任务中流利性更低,而在对话性的复杂任务中流利性更高。

Michel, Kuiken & Vedder (2007)的研究在很多方面较之以往研究有所进步,主要表现在研究者采用了 AS 单位作为基本的分析单位,同时又采用了多种衡量指标。因此,该研究为进一步考察元素多少这一变量控制下任务复杂度的影响提供了很有价值的参考。

Révész (2011)在课堂教学环境下进行了一项实证研究,考察了元素多少变量在对话式任务中对学习者口语产出的影响。在该研究中,43 名以英语作为二语的学习者被分为 12 个小组,他们就两项复杂程度不同的任务进行小组交流。每组成员扮演某一基金会董事的角色,需要共同讨论决定从众多的项目申请中选出最佳项进行投资。其中简单任务涉及的金额较少,受试需要在3 个项目中选出 1 项,复杂任务涉及的金额较多,受试需要在 6 个项目中选出1 个。研究者采用了整体性指标和具体性指标相结合的衡量方式。其中,整体性指标包括句法复杂度(平均 AS 单位内子句数)、词汇多样性(D 值)、准确性(平均 AS 单位内错误数和无错 AS 单位比率),具体性指标包括连接词的使用状况。研究发现,就整体性衡量指标而言,学习者在复杂任务中的准确性更高、词汇更加多样,但是复杂性降低。就具体性指标而言,学习者使用更多、更高级阶段的连接子句。

Michel(2011)考察了任务复杂度对荷兰语学习者连词使用情况的影响。研究以 64 名荷兰语学习者为实验组,分别完成元素数量不同的简单任务和复杂任务。研究者采用整体性指标从句法复杂性、准确性、流利性和词汇多样性4 个方面衡量学习者语言产出。该研究同样采用 AS 单位作为基本的句法分析单位。结果表明,除词汇多样性(Guiraud's 指数)外,任务复杂度对其他产出指标的影响均没有显著差异。这一结果与认知假说不符。研究者认为,该研究采用的与以往研究不同的任务复杂度控制方式可能对结果有影响。为了进一步考察这种操作化定义下任务复杂度的影响,Michel(2013)采用具体性指标对同一数据进行了进一步的分析。结果表明,任务复杂度对学习者具体性指标的影响非常小。

目前,关于元素多少变量的研究结果似乎未能支持认知假说的观点,这些研究的具体发现也很不一致。从上述有限的研究来看,研究者逐步采用整体指标与具体性指标相结合的方式衡量学习者的产出。就任务复杂度的操作化定义方式来讲,Michel(2007,2011)等采用了较之以往大部分研究不同的形式。这种操作化定义下任务复杂度究竟对学习者语言产出有怎样的影响无疑是一个需要进一步探究的问题。

2.3.3.3 关于推理需求变量(+/- reasoning)的研究

迄今为止,相比较其他变量而言,考察推理需求对学习者语言产出影响的研究相对较少(Choong, 2011)。目前任务研究领域关于该变量的操作化定义主要有两种形式。第一种是决定型任务,即要求学习者就某一情境做出决定。

复杂任务通常比简单任务涉及更复杂的元素之间的关系,因此比简单任务对学习者提出了更高的要求。第二种是叙述性任务,即要求学习者就一组图片按要求进行故事叙述。在叙述型任务中,通常简单任务中的图片顺序已为学习者设定好,学习者只需要按图片顺序呈现故事即可。而复杂任务中的图片顺序已经被打乱,学习者需要先对图片进行正确的排序,再进行故事叙述。

Niwa(2000)采用了选自韦氏成人智力量表(修订版)中图片排序测试部分的 4 组图片,要求受试对 4 组复杂程度不同的图片进行叙述。4 组图片给受试造成的推理负荷不同,简单任务不需要受试对图片中人物行为的动机和意图进行推理,而复杂任务则要求受试必须在明确推测出人物的动机和意图的基础上才能完成。研究者考察了受试的智力、学能与工作记忆等变量对口语产出准确性、复杂性和流利性的影响。结果发现,对于最复杂的任务而言,受试的工作记忆与学能越高,口语产出的流利性越低。Robinson(2005)认为,上述结果或许是因为工作记忆和学能越高的学习者在复杂任务中试图更加努力地产生更复杂的句子。

Robinson(2007b)考察了意图性推理(intentional reasoning)需求对学习者口语产出的影响。42 名母语为日语的英语学习者被随机分为 21 对,分别完成推理需求不同的 3 项口语任务。这些任务同样选自韦氏成人智力量表(修订版)中图片排序测试部分。与以往研究不同,该研究采用了整体性指标和具体性指标相结合的方式衡量学习者语言产出。整体性指标包括词汇复杂性(形符类符比)、句法复杂性(平均 C 单位内子句数)、准确性(无错 C 单位比率)和流利性(每秒单词数和平均 C 单位内单词数),具体性指标包括心理状态词汇的总数量与分类数量、不定式短语、连接子句以及 wh-子句的使用。通过方差分析与 Wilcoxon 符号秩检验,Robinson 发现,任务复杂度对学习者语言产出的具体性衡量指标有积极的影响。但就整体性衡量指标而言,研究并未发现任务复杂度对学习者语言产出复杂性、准确性和流利性三个方面的显著性影响。该研究的一大创新在于研究者采用了与任务特征相关的具体性衡量指标。

Ishikawa(2008)同样探讨了意图性推理需求变量控制下的任务复杂度对学习者口语产出的影响。与 Robinson(2007)不同,该研究中使用的是独白式任务,24 名母语为日语的英语学习者分别完成复杂程度不同的口语任务。研究者采用受试内实验设计的方式,采用完全的拉丁方实验设计方法控制任务实施产生的顺序效应。该研究采用了整体性指标衡量学习者口语产出,分别为流利性(语速和非流利性)、句法复杂性(平均 T 单位内 S 节数量)、词汇复杂性(Guiraud's 2000 指数)以及准确性(无错 T 单位比率)。研究发现,任务复杂度对学习者口语产出的复杂性和准确性均有积极的影响,但对流利性有消极的影响。该研究发现支持了 Robinson 提出的认知假说的观点。

Kormos & Trebits(2011)以 44 名母语为匈牙利语的英语学习者为研究受试考察了推理需求变量对口语产出的影响。受试被要求完成认知复杂度不同的 2 项图片叙述任务。简单任务要求受试就已经设定好顺序的 6 张图片叙述故事,复杂任务要求受试就 6 张不相关的图片叙述故事。该研究既采用了整体性衡量指标,也采用了具体性衡量指标。具体性指标包括正确使用关系从句的比例、正确动词比例、正确动词过去式比例以及关系从句与从句总数的比例。研究发现,学习者在简单任务产出中的词汇多样性(D 值)更高,同时学习者在复杂任务中的无错动词比例更高,两个指标的差异都具有显著性。但是就其他衡量指标而言,学习者在简单任务和复杂任务中没有显著差异。该研究还同时考察了学习者工作记忆容量对口语产出的影响。研究并未发现工作记忆容量在复杂任务中的显著作用,但是发现工作记忆容量高的学习者在简单任务中的句法复杂性更高。

除了上述单独考察某一个任务复杂度变量的研究,还有研究者同时考察了多个变量对学习者语言产出的影响。例如,Gilabert, Baron & Levkina(2011)考察了故事叙述、地图指令以及做决定 3 种不同类型任务中的复杂度效应。他们分别以情境支持、元素多少以及推理需求控制上述 3 种任务的复杂度。研究发现,在不同类型的任务中任务的复杂度效应不同,学习者在前 2 种类型的复杂任务中语言产出更为准确,但在决定型任务中准确性变化不大。

Choong(2011)考察了情境支持与推理需求变量对学习者产出句法复杂性的影响。10 名高水平的以英语作为第二语言的学习者参加了该项研究。研究所使用的任务节选于幽默剧《憨豆先生》。受试在 4 种条件下分别完成所提供的图片叙述任务。该研究采用平均 T 单位内词数作为句法复杂性衡量指标。结果表明,有无情境支持和推理需求高低对学习者句法复杂性没有显著的影响。研究者通过分析 4 项任务本身的特点对该结果进行了尝试性分析。

近年来,越来越多的研究者开始考察推理需求变量对学习者产出的影响。研究者对该变量的操作化方式基本一致,然而研究发现不尽相同。同元素多少变量的相关研究一样,研究者逐步开始采用具体性指标考察推理变量的影响。但是,与其他的变量相比较,关于推理需求变量的考察远远不够。

2.3.3.4 小 结

不夸张地讲,过去 20 多年来已发表的关于任务特点对学习者产出的影响的实证研究大多数都是围绕竞争假说和认知假说进行的(Bygate, Norris & van den Branden, 2014)。总体而言,相关的研究大致发现任务复杂度对学习者的整体表现有积极的影响。但是关于任务复杂度如何影响学习者注意力的分配,进而如何作用于形式和意义,目前的研究结论并非一致。虽然认知假说强调资源指向型任务复杂度本身对于学习者的语言准确性和复杂性同时具有积极影响,但是已有的研究似乎并未能证实这一点。大多数的研究仅发现任务复杂度对于学习者的准确性和复杂性其中一方面有积极影响。换言之,它们的发现恰恰说明,在同样的条件下学习者语言准确性和复杂性很难同时兼得,这正符合 Skehan 竞争假说的观点。Jackson & Suethanapornkul(2013)对国外已发表的 9 项以认知假说为分类框架的实证研究进行了元分析。他们发现,任务复杂度对学习者语言准确性有正面效应,对流利性有负面效应,对复杂性没有显著的正面效应。

以上综述分析说明,任务复杂度一直以来都是二语任务研究中的一个热点。经过近 20 年的发展,该领域对任务复杂度与学习者产出之间关系的探讨已取得较为丰富的成果。尤其是,关于任务复杂度对学习者流利性方面的影响,已有的研究发现基本一致,即任务复杂度对学习者流利性有负面作用。然而,该领域就任务复杂度如何影响学习者准确性和复杂性方面仍存在较多的争议。一方面,已有的相关研究在研究设计等方面仍存在很多有待改进之处。另一方面,总体而言,该领域的研究基本以考察任务复杂度对学习者语言产出的结果为目的,缺乏关于任务复杂度对于学习者产出过程(尤其是心理活动过程)的考量(Ellis, 2005; Skehan, 2014)。目前,关于任务复杂度效应的考察基本是以学习者产出结果为基础进行事后解读,缺乏对学习者产出时心理活动的直接考察。因此,为了更为科学、全面地发现任务复杂度对学习者语言产出的效应,首先,需要改进研究设计。其次,需要对学习者产出过程与结果同时进行研究。

2.3.4　国内关于任务复杂度与学习者语言产出的实证研究

20 世纪 90 年代末,国内从事外语研究的学者逐渐认识到对外语学习中的任务本身进行研究的重要意义。目前国内关于任务复杂度或者任务难度的研究也有很多(如陈慧媛,吴旭东,1998;何莲珍,王敏,2003;罗少茜,Skehan,2008;罗少茜,2010)。然而,国内大多数实证研究对任务难度的控制主要通过不同的任务类型实现。相比较而言,基于 Robinson 框架的研究较少。鉴于国内关于任务复杂度的实证研究较少这一现状,本研究将首先综述以任务类型控制任务复杂度的相关研究,然后综述关于资源指向型变量与学习者语言产出的实证研究。

2.3.4.1　任务类型控制下的任务复杂度与学习者语言产出研究

国内大部分实证研究都是以个人信息任务、图片叙述任务和观点陈述 3 种类型任务为考察对象。这 3 种类型任务的复杂度区分依据是学习者对任务所涉及信息的熟悉程度和信息的可预测性,即熟悉程度和可预测性越低,对学习者而言认知负担越重,任务也就越难(Foster & Skehan,1996)。个人信息任务通常涉及的是受试非常熟悉、可能已经多次表达过的信息,因而所要求的认知负担最轻,难度最低。图画描述任务要求受试根据一组图画编一个英文故事。图画浅显易懂,内容是人们日常生活中的常见事情。但是图画描述要求受试通过一定的想象力,把视觉输入转化为语言输出,而且受试从未看过相同的图画。因此,此类任务稍难于个人信息任务。观点陈述任务要求受试阐述自己对某一现象的看法,受试对此话题通常不是很了解。因此,此类任务给受试带来的认知负担最重,难度最大。

何莲珍、王敏(2003)的研究是国内较早的、以实证方式考察任务复杂度对学习者口语产出影响的研究之一。该研究采用实验的方法分析了任务难度、任务复杂度及语言水平 3 个变量对中国学生语言表达准确性的影响。为了便于比较研究结果,该研究选择的任务类型与 Foster & Skehan(1996,1997)研究中的类型相同,即个人任务、陈述任务和做决定任务。研究受试为 48 名非英语专业一年级大学生,根据语言水平被分成 12 个小组,4 人一组。其中 6 个小组在无准备时间的条件下完成任务,另外 6 个小组在开始任务之前有 5 分钟的准备时间。每个小组均需要完成所有 3 个任务。研究者对每个小组的讨论进行了录音,然后整理出录音文本。该研究采用的准确性指标是受试语言产出中无错误子句数与子句总数的百分比。结果发现,任务复杂度对语言准确性具有显著性影响,任务复杂度越高,学习者的语言准确性越低。

徐琴芳(2005)考察了图片叙述、话题讨论和个案研究 3 种任务对英语学习者口语产出准确性的影响。该研究中的受试为 10 名英语专业一年级大学生。研究采用无错 AS 单位比例和每百词错误数作为准确性的衡量指标。结果表明,图片叙述任务中的无错 AS 单位比例高于其他 2 种任务,但是并不存在显著差异;图片叙述任务中的每百词错误数最多,其次是个案研究任务,最后是话题讨论任务。研究者认为,在 3 种任务中,图片叙述任务给学习者造成的认知负担最重,并由此得出"任务越难,语言的准确性就越低"的结论。该研究的最大局限在于涉及的样本较少,而且任务种类单一。

张烨(2006)考察了任务构想和任务类型对学习者口语产出在流利性、复杂度和准确性 3 方面的影响。研究采用 3×2 的设计方式,60 名英语专业大一学生被随机分为 3 组,分别在不同构想条件下完成图片叙述任务和解释说明任务。由于受试对图片内容较为熟悉,而且图片内容结构紧凑,因此,该任务对于受试而言认知压力相对较小。而解释说明任务则需要受试依赖其百科知识,相对而言认知压力较大。研究发现,任务类型对学习者的句法复杂性有显著影响,对语言准确性和流利性影响不大。学习者在认知负荷相对较低的图片叙述任务中句法复杂性较高。

谭利思(2006)考察了任务类型及准备条件对学习者口语产出复杂性、准确性和流利性的影响。该研究以 24 名英语专业三年级学生为研究受试。受试全部通过英语专业四级考试。研究者将受试分为 2 组,在开始任务之前每组都有 10 分钟准备时间。不同的是,教师对第一组的受试不给出任何指导意见,学生可以自由支配准备时间,而对第二组的受试提供指导。教师就如何利用准备时间考虑产出时的选词、时态、句型、文章内容组织、篇章结构等具体问题给出详细的指导。该研究采用的任务类型同样为个人任务、图片叙述任务和观点陈述任务。该研究中的复杂性指标为每个 T 单位的子句数量和平均 T 单位长度,准确性指标为无错子句与所有子句的比率。研究发现,受试在观点陈述任务中的句法复杂性最高,流利性最低;受试在个人任务中的流利性和准确性最高,但是句法复杂性最低。

谭晓晨、董荣月(2007)同样以英语专业学习者为受试考察了任务类型对口语产出准确性和复杂性的影响。该研究选取了"中国学生英语口笔语语料库"中 35 名英语专业大学生的录音文字材料作为分析对象,录音分别来自故事复述和即席讲话 2 种类型的任务。研究以无错子句数与子句总数的比率为准确性衡量指标,以子句总数和 C 单位总数的比率为复杂性衡量指标。研究发现,任务类型对学习者口语表达的准确性具有显著影响;语言水平对口语表达的准确性和句法复杂性具有不同程度的影响,对准确性影响显著。然而,细究之下我们可以发现,影响学习者口语产出质量的可能并非只是任务类型的不同。事实上,受试完成 2 项任务的条件并不相同,这种任务条件的不同很可能会是影响口语产出质量的另一重要原因。此外,与大部分研究不同的是,本研究中,受试的任务产出发生在测试环境下,这对受试的口语表现同样存在潜在的影响。

黄嫱(2009)考察了不同的学习任务和任务条件对中国非英语专业大学生口语产出流利性、复杂度和准确性 3 方面的影响。该研究的受试为 40 名非英语专业大学生。该研究中的任务类型同样为个人信息、故事叙述和决策型 3 种,任务条件指受试在开始任务之前是否有构想时间。受试被随机分为实验组和对照组,分别在 2 种条件下完成 3 种类型的任务。研究结果发现,语言流利性、复杂性和正确句子比例 3 方面最高的是个人信息交换任务,其次是故事叙述任务,最低的是决策型任务;决策型任务的动词正确使用比例最高,其次是个人信息交换任务,最后是故事叙述任务。但 3 种口语任务仅在无构想条件下才会造成语言流利性方面的差异,在词汇密度上 2 种构想条件下均无显著差异。研究者认为,任务的认知负荷越大,学习者的口语产出表现就越差。

以上研究基本以任务类型控制任务复杂度,即研究者通常认为个人信息任务认知负荷最小,观点陈述任务认知负荷最大,图片叙述任务认知负荷介于二者之间。虽然国内研究所使用的任务类型基本相同,但是由于具体任务以及所采用的衡量指标等不同,已有的研究得出的结果也不一致。由于任务本身的特征存在多维性,因此以任务类型控制复杂度的方式是一种较为粗糙的方式,并不能很好地反映出任务特征对学习者语言产出的影响。因为在任务的实施过程中,任务本身的不同特征会相互影响,进而作用于任务类型的产出效应。随着国外学者对任务复杂度研究的进一步深入,尤其是受 Robinson 提出新的分类框架及认知假说的影响,国内学者也尝试探究某一类型任务内不同任务复杂度对学习者产出的影响(如邢加新,罗少茜,2016;王丽萍,吴红云,Zhang,2020)。

2.3.4.2 资源指向型变量控制下的任务复杂度与学习者语言产出研究

近年来,国内开始有研究者以 Robinson 的分类框架为基础进行相关的实证研究。这些研究既有针对口语产出的,也有关于书面语产出的。国内此领域的研究仍以硕士论文为主,相对缺乏在学术期刊上发表的高质量文章。下文将选择几项较为典型的研究进行综述。鉴于国内基于 Robinson 分类框架进行的研究相对较少这一状况,下文的综述既包括对学习者口语产出的研究,也包括对学习者书面语产出的研究。

周孝华(2007)以 48 名非英语专业大学生为研究对象,探究了任务的情境支持、推理需求以及构想条件 3 个变量对学习者口语准确性和复杂性的影响。该研究采用无错 T 单位比率衡量语言准确性,采用类符形符比衡量词汇多样性,采用每 T 单位的 S 节数量衡量句法复杂性。研究发现:① 构想时间对学习者英语口语产出的准确性和复杂性有积极影响,并且产出由推理要求及彼时彼地变量引起的口语产出准确性和复杂性的效果;② 推理要求对口语产出复杂性的积极影响较大,胜于彼时彼地变量,但对准确性没有显著影响;③ 学习者在彼时彼地条件下比此时此地条件下的口语产出更准确,词汇复杂性更高,但句法复杂性没有显著区别。

王军艳(2012)以情境支持为控制变量考察了任务复杂度对学习者记叙文写作产出的影响。72 名非英语专业一年级学习者被分为此时此地任务组和彼时彼地任务组,2 组受试的任务前准备时间和写作时间均相同。作者采用 T 单位的单词数和无错误子句比作为流利性和准确性的衡量指标,采用平均 T 单位的子句和类符与两倍形符的平方根之比作为结构复杂性和词汇复杂性的衡量指标。结果表明,受试语言产出的准确性和词汇复杂性随着任务复杂度的增加而显著地提高,但句法复杂性和语言的流利性没有显著性差异。

　　王静萍（2013）则以任务涉及元素多少为变量，考察了资源指向型的任务复杂度对二语写作语言表现的影响。118 名中国大学非英语专业的学生参加了研究实验。研究者根据英语水平的不同将受试分为 4 个组，并要求受试完成复杂程度不同的写作任务。写作任务要求学生给朋友写一封信，与对方商定暑期旅游的住宿地点。其中，复杂任务要求受试选择目的地时考虑 6 个因素，简单任务要求受试选择目的地时考虑 3 个因素。研究采用每 T 单位的从句数和 D 值分别衡量句法复杂性和词汇多样性，采用无错 T 单位比率作为准确性指标，采用每分钟产出的词数作为流利性指标。结果发现，任务复杂度对学习者二语写作语言的流利性、准确性、词汇复杂性均有影响，其中对语言的准确性有显著影响，任务复杂度对句法复杂性没有影响。

　　徐宏亮（2015）考察了任务准备条件和任务结构性对学习者口语产出的影响。32 名英语专业本科二年级学生参加了该实验研究，他（她）们被分成两组，第一组为有准备时间组，第二组为无准备时间组，每组 16 人。研究者要求每位受试用英语依次对两组结构性程度不同的图片进行叙述。第一组受试只有 30 秒的时间看图片，而第二组受试在开始任务产出之前有 5 分钟准备时间。结果表明：① 在完成非结构性任务时，有无准备时间对受试口语产出的准确性和流利性没有影响，但有准备时间能够提高语言产出的复杂性；② 在有准备时间条件下，任务结构性对受试口语准确性和复杂性没有影响，但对流利性有促进作用。

　　闫嵘、张磊（2015）以 60 名英语专业本科三年级学生为受试，探讨了任务复杂度、任务难度与自我效能感对外语写作的影响。研究所使用任务基于 Kuiken & Vedder（2008）实验中的任务材料改编而成。在复杂任务中，受试在规定的 40 分钟内根据给定的背景信息选择最佳旅游景点，并完成一篇 250 词左右的说明文阐明选择理由。在简单任务中，受试在没有时间限制的条件下完成一篇 250 词左右的说明文，作文题目为 "My View on Dissatisfaction"。与复杂任务相比，简单任务不需要受试对背景信息进行筛选。研究发现：① 在排除目的语水平的影响后，任务复杂度对学习者总体写作成绩以及语言复杂性、准确性和流利性的影响均不显著；② 任务复杂度与自我效能感对外语写作准确性具有显著交互作用，自我效能感水平较高的一组受试在复杂任务中语言表达的准确性显著高于简单任务中的语言准确性。

随着国内任务研究的深入和推进,国内研究者正逐渐摆脱采用任务类型控制任务复杂度的旧的方式。过去的十年间,国内研究者主要关注任务类型对学习者语言产出的影响,而自 2010 年之后,越来越多的研究以 Robinson 的分类框架为基础探究任务复杂度对学习者产出的影响。比较国内外该领域的研究现状,可以看出国外研究者更加关注学习者口语产出,而国内学者更加关注书面语产出。尤其是,国内探索资源指向型变量对学习者产出影响的研究仍然非常匮乏。虽然国内有些研究仍然存在一些不足之处,但足以看出任务研究在国内外语研究领域的良好发展态势。任务复杂度对学习者产出的影响正逐步成为外语研究者关注的焦点问题之一。

2.3.4.3　小　结

与国外二语任务复杂度研究相比,可以说国内相关的研究仍处于初步发展阶段。整体而言,国内该领域的研究呈现出以下特点。① 研究设计上有待改进。第一,表现在相当一部分研究仍采用任务类型来控制任务复杂度。第二,表现在已有的大部分研究使用的衡量指标不够科学合理。譬如国内研究并未对词汇多样性和词汇复杂性进行区分,有的仍采用 TTR 的方法衡量词汇多样性,鲜有研究采用 D 值等更为科学的方法。此外,国内研究过度依赖整体性衡量指标,未能同时采用具体性指标衡量学习者产出。② 目前国内该领域基本上以探究学习者语言产出质量为目的,尚未有研究采用质性研究的方法考察任务复杂度对学习者认知过程的影响。这一点已经受到部分国外学者的关注(如 Ellis,2005;Révész,2014;Skehan,2014),但是就国内而言仍然是一个研究空白。

2.3.5　二语任务研究中的口语产出过程研究

以上所涉及的研究都以探讨二语任务复杂度对学习者产出结果的影响为目的。然而,对学习者口语产出的研究不应只限于产出结果,还应包括产出过程。马冬梅(2013)认为,口语产出研究至少包括三个方面:第一,口语产出结果,包括语音、词汇、句法、篇章等特征;第二,口语产出语言过程,包括重复、停顿、自我修正等现象;第三,口语产出时言语背后的心理过程,包括言语重复目的、话语停顿时思维内容及自我修正动机和语言选择过程等。个人言语的产出过程主要包括信息顺利表达的流畅话语产出阶段和信息表达失败的不流利阶段。通过流畅的话语阶段很难观察深层的言语产出机制,而"自我修正,以及犹豫、停顿则可以提供关于言语交际心理和语言过程的直接信息"(Kormos,1999:303)。

虽然非流利包含重复和停顿,但因受当时 Levelt 著名的自我修正研究的影响,本领域研究的重点集中在自我修正。国内关于口语过程的研究在 2005 年之前非常有限,但 2005 年之后,更多的研究者投入自我修正研究。研究范围也有所扩大,除了自我修正频率和分布研究之外,还出现了有关任务类型及学习者差异对自我修正影响的研究。事实上,无论是国外还是国内,关于口语产出过程的研究基本都是以考察学习者产出的非流利性为目的,并未能够扩展至词汇、句法等特征背后的心理活动。相比口语产出的语言特征而言,目前二语任务研究领域关于学习者口语产出心理特征的研究非常少见。

Fathman(1980)认为,口语重复的主要原因是为言语计划争取额外的时间。任务本身存在不同的复杂度和认知难度,一语研究表明,不同的任务中口语非流利现象有所不同(Shriberg,1994)。Riazantseva(2001)在其研究中采用了两个口语任务:既定话题的叙述任务和卡通画描述任务。其研究结果显示,在叙述任务中,中级和高级英语学习者的无声停顿频率皆高于本族语者,但只有中级英语学习者的无声停顿频率和母语者有显著差异。在卡通画表述任务中,中级和高级英语学习者的无声停顿频率皆显著高于本族语者。不过,Riazantseva 并未就任务类型对比二语口语停顿的特征。

马冬梅(2013)以 30 名英语专业研究生为受试,要求他们分别完成自我介绍、观点陈述和复述故事 3 种不同类型的口语任务,考察学习者口语产出的非流利现象及其背后的心理特征。研究发现,在电影片段复述任务中,中国英语学习者的重复频率和停顿明显高于其他两种类型的任务。在 3 种口语任务中,学习者将更多的注意力资源集中于言语加工,较少分配于言语监控过程、言语形式的加工和监控多于言语内容的加工和监控。

马冬梅(2013)的研究是国内少有的探究任务类型对学习者非流利性及其心理特征的研究之一,该研究可谓在一定程度上填补了国内研究的空白。然而,由于以任务类型控制任务复杂度的方式相对粗糙、不够科学,因此该研究未能从本质上揭示任务复杂度的影响。该研究为进一步考察任务复杂度对学习者口语产出过程的影响提供了方法论上的参考。例如,采用刺激性回想的方法探究非流利现象背后的心理特征，并以 Levelt 的框架为基础对学习者产出心理特征进行归类。迄今为止，关于任务复杂度的研究基本都是以考察其对学习者产出复杂性、准确性和流利性三个方面的表现为目的，而探究任务复杂度如何作用于学习者言语产出背后的心理语言机制的研究（如自我监控）并未引起足够的重视。

Gilabert（2007a）分别以情境支持、元素多少以及推理需求为控制变量考察了任务复杂度在故事叙述、地图指令以及做决定 3 种类型任务中对学习者口语中自我修正行为的影响。研究采用重复测量的方式，受试为 42 名中低水平英语学习者。结果表明，在不同类型的任务中，任务复杂度对学习者的自我修正具有不同的影响。任务复杂度对自我修正行为的影响最明显地体现在地图指令任务中，其次是故事叙述任务，而在决定型任务中影响不明显。此外，研究并未发现高水平组和低水平组在自我修正行为上的显著差异。

Ahmadian, Abdolrezapour & Ketabi（2012）考察了故事结构性程度对学习者自我修正行为的影响。研究者以 30 名伊朗英语学习者为受试，借鉴 Tavakoli & Skehan（2005）控制任务结构水平的做法，受试分别被要求完成简单（结构紧凑）和复杂（结构松散）任务。结合已有的文献与受试刺激性回想结果，研究者将受试的自我修正行为划分为不同信息修正（different information-repair）、适切性修正（appropriacy-repair）和错误修正（error-repair）三类。研究者对受试任务产出进行录音，并对受试进行刺激性回想。分析结果表明，不同复杂度的任务对受试自我修正行为存在影响。在完成复杂任务时，受试产生更多的适切性修正和不同信息修正，而在完成简单任务时受试更多地关注语法和词汇的准确性，因而产生更多的错误修正。

Révész, Kourtali & Mazgutova（2017）考察了任务复杂度对 4 名二语学习者产出认知行为的影响。结果发现，内容支持可能会减轻学习者构想过程的加工负担，促进对语言编码的关注，有助于提高词汇复杂性。然而，该研究聚焦写作产出，并未涉及口语产出。徐锦芬、陈聪（2018）考察了任务复杂度对学习者口语表现与注意分配的影响。研究发现，随着任务复杂度的增加，学习者分配到语言形式的注意更多。虽然该研究针对口语产出，但对刺激性访谈数据的标注和归类相对宽泛，缺乏对学习者认知活动的细致分析，同时涉及样本较小（元素数量 8 人、时空特征 4 人、推理需求 6 人）。

　　除了关于任务复杂度的研究,二语任务研究领域中相当一部分研究者关注任务构想对学习者语言产出的影响。虽然研究者就任务构想的研究已取得丰富的成果(Ellis, 2005),但这些研究基本以考查任务构想对学习者的产出结果为目的。研究者似乎更热衷于从学习者的产出结果推测他们在构想阶段的心理活动,而真正聚焦于学习者构想行为的质性研究则相当匮乏。目前为止,仅有 Ortega(2005)以及 Pang & Skehan(2014)两项研究。Ortega(2005)采用回溯性访谈的方式考察了学习者的构想行为,她以 O'Malley & Chamot(1990)以及 Oxford(1990)的策略框架对学习者具体策略进行分类。研究发现,学习者在构想阶段使用最多的是列大纲、产出监控、组织性构想、词汇补偿以及翻译等策略;高水平学习者与中低水平学习者在元认知与认知策略的使用方面不具有显著性差异;学习者在构想阶段既关注所要表达的内容,也关注语言形式,但不同水平的学习者侧重点不同。

　　Pang & Skehan(2014)采用同样的方法考察了学习者的构想行为。研究者对受试施以图片叙述性任务,继而对他们进行回溯性访谈。通过对访谈信息转写、编码与分析,研究者发现,受试所采用的构想行为与他们的任务表现存在相关关系,即有些构想行为能够促进语言表现,而有些则对语言表现有负面影响。同时,学习者在构想阶段所采取的某些具体行为对他们的流利性和复杂性有积极的作用。与 Ortega(2005)不同的是,他们从开始即采用浮现法归纳策略类别,并将其与 Levelt 的口语产出模式相结合,以此考察学习者构想行为与口语表现的关系。作者详细讨论了影响学习者语言表现的五条构想原则,并在本章最后指出了本领域可能的研究方向。该研究填补了二语任务研究的空白,虽然结论不免是尝试性的,但研究本身具有重要意义,也在一定程度上拓展了新的研究领域。

　　目前仅有的两项关于学习者构想过程的研究(Ortega, 2005; Pang & Skehan, 2014)为进一步研究提供了思路和启示。两项研究对任务构想研究领域做出了贡献,均有着较大的意义。然而,它们在一定程度上仍存在很多的不足,有待改进和弥补。首先,两项研究的数据收集方法较为单一,依赖回溯性访谈一种方法。其次,两项研究均未涉及任务复杂度效应。它们的共同点是探究了不同水平学习者具体构想行为的区别,但并未将任务复杂度作为变量考虑在内。最后,两项研究仅考察了学习者在任务前构想阶段的具体行为,并未涉及学习者在产出语言时的在线心理活动。

2.3.6 小 结

作为任务所具有的重要特征之一,关于任务复杂度的研究可谓发展迅速,目前已经取得较大的成就。总体而言,这些研究设计方法更加科学合理,研究更为深入和细化。但是,关于任务复杂度如何影响学习者语言的准确性和复杂性,已有的研究仍然存在争议。仔细比较,可以发现,研究结果的差异与具体的研究设计有关。这主要表现在以下方面:① 研究中的任务复杂度控制变量不同;② 研究中所采用的语言产出衡量指标不同。迄今为止,二语任务研究领域关于任务复杂度对学习者语言产出影响的研究仍然存在以下几点不足:① 研究基本以考察学习者语言产出结果为目标,缺乏以实证的方式探讨任务复杂度如何影响学习者产出心理活动的研究(Révész, 2014; Révész, Kourtali & Mazgutova, 2017);② 研究未能采用可靠的方式证明任务给学习者造成的认知复杂度的高低(Norris, 2010; Révész, 2014);③ 研究基本独立考察任务复杂度对学习者产出的效应,缺乏对其与任务条件、学习者差异等因素交互效应的研究。

关于任务复杂度的研究对于二语习得中的理论建构与现实中的二语教学都具有重要的意义。已有的研究发现使我们进一步了解了任务复杂度在学习者语言产出中的作用,有助于教师选择合适复杂度的任务,有效促进学习者产出。但同时,已有研究所凸显出的不足成为本研究拟努力弥补的方向。具体而言,本研究拟考察任务复杂度对中国大学生口语产出中语言特征的影响。同时,研究将突破已有研究内容的限制,尝试考察任务复杂度对学习者口语产出时的在线心理活动。

2.4 本章小结

本章首先介绍了任务的定义与类型,继而回顾了任务复杂度这一核心概念的发展,并重点介绍了二语任务研究领域中任务难度与复杂度分析框架。在对相关概念回顾总结的基础上,本章第二节用相当的篇幅综述了国内外考察任务复杂度与学习者语言产出的主要实证研究。作者首先梳理了二语产出的衡量指标,然后对影响较大的竞争假说和认知假说进行了述评,最后综述了

国内外相关的实证研究。通过对国内外研究现状的梳理,本章指出了该领域
有待进一步研究的方向,并提出了本研究的目的与内容。

第3章 理论基础

由于本研究是在认知理论视角下进行的,所以相关的理论基础也主要受认知心理学观点的影响。本章将呈现与本研究密切相关的理论。首先介绍了信息加工理论,然后是注意资源分配理论,最后介绍了影响较大的两个口语产出模型。

3.1 信息加工理论

信息加工理论是当前认知心理学领域关于语言理解和产出的主要理论方法(Ellis,2005)。该理论关注语言学习/习得的心理过程。虽然相关的信息加工理论模型在有些方面不尽一致,但是它们仍然具有一些共同的特征。例如,它们都试图解释信息是如何被存储和提取的;都将信息加工视为包含输入、材料的暂时存储、材料的长时存储以及从长时记忆中获取材料的机制。Lantolf(1996)称这种方法为"计算模式",以此形容人脑与计算机的类似之处。

Huitt(2003)认为,信息加工理论具有一些共同的指导原则。其中之一就是有限容量原则,指的是人类大脑可以加工的信息数量是有限的。这种限制给工作记忆造成瓶颈,使得语言使用者优先关注语言的某一个方面。第二个原则是,当语言的使用者面临一项他们不具有相关程序性语言知识的新任务时,他们需要获取一种控制机制。这种控制机制依赖于显性的存储知识,会消耗加工能力,从而给工作记忆造成负担。第三个原则是,人类既采用依赖于百科知识的自上而下的方式,又采用密切关注输入中的语言信号的自下而上的方式加工信息。

　　信息加工理论将技能的习得定义为通过整合基本的信息碎片创建复杂程序的过程(Shiffrin, Dumais & Schneider, 1981; Anderson, 2000)。在技能习得的开始阶段,对信息碎片的选择以及后续对信息的整合都需要耗费学习者大量的注意力。学习者需要用相当多的有限的注意力资源去整合这些信息,这一过程被称为控制性信息加工。随着越来越多的练习,学习者对信息的选择和整合等就成为一种惯例,直至成为一种既定的程序形成于长时记忆中。一旦这种程序在长时记忆中获得了位置,它就不再消耗很多的注意力,也就能够给进一步的行动规划留出更多的注意力资源,这被称为自动性信息加工。在信息加工理论看来,技能习得包括两个阶段:陈述性阶段和程序性阶段。在陈述性阶段,学习者获取独立性的事实和信息(陈述性、命题性知识)。在第二个阶段,陈述性知识通过汇编(compilation)这一渐进过程被程序化。汇编分为组合化(composition)和程序化(proceduralization)两种形式。组合化将解决问题时类似的产出过程合并为单一的产出,因而会提升速度。程序化从旧的产出产品中创造新的产出,这些旧的产出产品的陈述性信息已经不需要在工作记忆中进行提取。

　　信息加工理论将语言视为一个具有层级性的技能的组合,高层次成分依赖于低层次成分的习得。McLaughlin (1990)采用自动化(automaticity)和重建(restructuring)这两个基本概念来解释第二语言的学习。自动化的核心观点认为,语言学习是一个快速的、无意识的、毫不费力的过程。在语言习得中,当某一输入和输出模式之间存在一致的、有规律的关联时,自动化就会发生,即有关联的连接被激活了。McLaughlin, Rossman & McLeod (1983)认为,信息加工过程的不同类型依赖两个变量:控制力程度和注意力程度。学习者可以使用各种方式处理第二语言的习得过程,这主要依赖于把注意力集中到哪一方面。一种类型是学习者以一种被控制的方式集中注意力学习语言的形式。这种类型的学习者通常来自有正式课堂学习经历的人。一种类型是学习者将注意力集中于以隐性学习或者分析性学习为基础的语言行为。这一过程中学习者使用语言并非自动化的,但是在这一环境中语言的使用也不需要显性注意力。还有一种类型是将注意力集中于测试环境下和交际环境下的语言行为。

这两种环境反映了自动化、惯例化的语言使用。

信息加工框架内的第二个输入概念就是重建。重建是指语言知识的改变作为新的学习结果成为一种内在的知识表征。McLaughlin（1987）认为，重建不只是一语学习的特征，也是二语学习的特征。在母语习得中，McLaughlin（1990）认为，重建以儿童语言发展中从一个阶段到另一个阶段发生的不连续的或者大量的改变为特征。每一个新阶段都包含新的内部结构的调整，而不仅仅是增添新的结构元素。同样地，把新信息融合进正在发展的第二语言系统需要对已存在的系统中的某些部分进行调整，然后重建或重新组织当前的知识系统并创建一个更新的二语语言系统。仅仅增加新结构并不构成重建。重建后知识的改变与之前的学习是不连贯的，或者说两者之间存在质的差异。

将信息加工理论应用于语言学习，一语和二语的习得可以被视为通过陈述性知识的汇编建立程序性知识，并逐渐对程序性知识进行重建的过程。越多的次程序变成整体程序，语言使用会变得更加流利和自动化。但是需要强调的是，语言技能的习得不仅是那产生于陈述性知识的相同程序执行的加速，而是包含新的程序的建立，这一程序对已有的实施和规则进行了重新组织（Hulstijn，1990）。简言之，语言习得的信息加工理论观点可以归结为：在知识层面，它区分了陈述性和程序性心理表征；在控制执行方面，它区分了控制性和自动性加工。

信息加工理论因坚持认为所有的知识都以陈述性形式开始而受到批评。目前，一些二语理论家（如 DeKeyser）不再宣称信息加工理论能够解释所有的二语现象，也不再认为所有的学习都必须开始于陈述性知识。一语和二语的学习依靠不同的学习机制，二语学习更加依赖普遍学习机制，而这些机制通常为显性的。Mitchell, Myles & Marsden（2013）认为，信息加工理论至少可以对以下 6 个二语习得现象提供解释：① 为什么有些结构似乎从来不曾进入学习者中介语？② 为什么学习者在有些情境下使用接近母语的形式，而在另一些情境下却不使用？③ 为什么学习是渐进性的？④ 为什么学习者的语言水平存在差异？⑤ 为什么学习者的习得存在石化现象？⑥ 为什么某些结构比另一些结构更容易产生石化现象？

3.2　注意资源分配理论

界定"注意"这一概念曾经在很长时间内成为认知心理学的一个中心议题。学者们对注意的本质难以达成共识,其主要原因在于,注意可以有不同的含义和功能。Colman(2006)认为,注意是指对一个特别的刺激、感知觉、想法、思维或者活动的持续专注。这种持续专注使得人能够运用有限的信息处理系统去处理来自感觉器官和记忆储存的大量信息。俞国良、戴斌荣(2007)认为,注意是心理活动对一定对象的指向和集中。他们提出,"指向性"是指人在每一瞬间心理活动都选取了某种刺激,而忽略了另一些刺激。刺激指向性表明人的心理活动具有选择性。"集中性"是指心理活动集中在指向的刺激强度。例如,当医生在进行复杂的外科手术时,他的注意力就高度集中在对病人进行的手术上,与手术无关的其他人和事就不在他的注意范围之内。集中性保障了人的注意力对于注意对象的集中,从而缩小了注意的范围。

认知心理学关于注意的基本假设可以概括为以下几点:① 注意是有限的;② 注意具有选择性;③ 注意部分地依赖个体的主动控制;④ 注意控制着意识的产生;⑤ 注意是行为控制和学习的基础(Schmidt,2001)。心理学中的经典观点认为,有限容量是注意的基本特点。这一观点同样被二语习得领域很多学者认同(如 VanPatten,1994)。Kahenman(1973)认为,我们的认知资源是有限的,不同的认知任务需要不同的认知资源,应着重考虑如何协调不同的认知任务,以及是否有不需要注意的处理。该理论把注意看成对刺激信息进行识别和加工的认知资源,它的容量是有限的。任何一项认知活动都需要占用和消耗一定的社会资源。同时,该理论主张认知资源的占用与认知活动的复杂度成正比,认知活动的复杂度越高,其占用的认知资源就越多。如果人同时进行两项及以上的活动,就会出现多项认知任务同时竞争有限的认知资源的现象。

有很长一段时间,注意被认为是单通道的,因而不能同时被分配于两个同时进行的任务上(Broadbent,1958)。不过,众多实验研究表明,对于不同的加工模态来说,人类的注意是多通道的(Kahneman,1973;Navon,1984;Wickens,1980)。Wickens 提出多重资源理论。Wickens 的多重资源概念包括三个维度:第一个维度是加工阶段,包括早期和晚期的加工,这一维度包含两类独立的资源,即与知觉相关的认知操作(如监控、心理旋转、计算)和与反应相关的操作(如操纵、声音控制);第二个维度是输入通道,指听觉、视觉和触觉等通道占用的不同资源;第三个维度是编码,指言语的或空间的编码方式。

注意有限容量特征导致它必然的选择性。由于注意的容量是有限的,而任何需要注意的活动与其他活动会相互干扰,因此,人类个体必须策略性地分配注意资源。心理学家认为,信息的加工过程中有一个过滤器,过滤器以某种方式对来自外界的刺激信息进行选择。选择的结果是有些信息通过过滤器被识别,从而得到进一步的加工,被过滤掉的信息则被阻挡在人的认知系统之外。不同的心理学家对过滤器的具体位置、过滤器的工作原则、过滤器的数量等一系列问题进行了不同的阐释。在资源有限的条件下,人类需要进行得失分析以决定注意的关注点。二语习得领域的学者(如 VanPatten)同样持这样的观点。他认为,在大多数二语习得情境中,信息的意义是重要的。有限容量的资源首先指向词汇等承载意义的成分,直到最后才指向那些交际性冗余的语言形式特征(VanPatten, 1990, 1994, 1996; Lee, Cadierno, Glass & VanPatten, 1997)。虽然关于选择产生的位置仍存在争议,但是目前的心理学已不再过多地讨论这一问题,而是将选择本身作为注意的基本功能,并强调注意选择除了能够分配注意资源或许还有其他的功能。

心理学与认知科学普遍认为,没有不需要注意的学习(Carlson & Dulany, 1985; Kihlstrom, 1984; Logan, 1988; Velmans, 1991)。这一主张通常与记忆模式有关。学者们通常认为,没有受到注意的刺激会保存在短时记忆中最长只有数秒时间,而注意则是长时记忆存储的充要条件。在二语习得领域,很多学者同样认为,在输入(input)成为可供进一步心理加工的吸收(intake)的过程中,注意是非常必要的(Carr & Curran, 1994; Scovel, 1991; Tomlin & Villa, 1994)。尤其是,心理语言学视角下的二语习得观强调注意的作用。心理语言学方法普遍认为,二语学习者加工语言的方式受到感知凸显、频率、成分连续性等普遍认知因素的影响。一些研究者和理论家进一步区分了两种类型的学习,例如陈述性和程序性学习、显性的和隐性的学习、基于规则的和基于范例的学习。这些不同类型的学习对觉醒(awareness)的依赖程度不同,但是它们都离不开注意。

3.3 口语产出模型

在过去的 30 多年中,出现了大量的心理语言模型试图解释语言是如何产生的(Garrett, 1980; Levelt, 1989; Garman, 1990 等)。Kormos(2006)将母语的产出理论分为两类,一类是以 Dell(1986)为代表的激活扩散理论,一类是以 Levelt(1989)为代表的模块理论。在这些模型中,影响力最大且在任务研究领域应用最广的是 Levelt(1989)的言语产出模型(如 Foster & Skehan, 1996; Yuan & Ellis, 2003; Ellis, 2005)。本节主要介绍 Levelt 和 Kormos 的言语产出模型。

3.3.1 Levelt 的一语产出模型

Levelt(1989:1)认为,说话者是"一个高度复杂的信息处理器,以一种近乎神秘的方式将意图、想法和感情转化成流利的言语"。Levelt(1989)提出下面的模型(如图 3.1)解释一语是如何产生的。该模式建立在几十年的心理语言学研究成果和大量的实验研究和语误观察实证数据基础之上,是实证研究结果最为支持的母语言语产出模式。

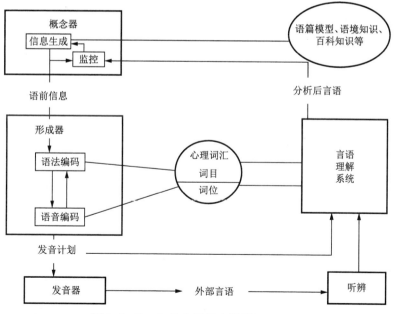

图 3.1 Levelt 的言语产出模型(1989:9)

　　该模型包括四个主要的部分,即概念化阶段、形式化阶段、言语化阶段和自我监控。前三个部分的负责机制分别被称作概念器、形成器和发音器。Levelt(1989)认为,说话的过程始于概念器。概念化阶段涉及对于拟表达的相关信息的选择、所选择的信息的排序以及已经讲出的话语的跟踪等等。所有这些活动都要求说话者的注意力不间断。Levelt将概念化阶段的成果称为"语前信息",即讲话者所要表达的意义内容。他认为,语前信息分为两步:宏观计划和微观计划。宏观计划将交际意图细分为一系列的目标和次目标,并为每个次目标选择合适的信息;微观计划决定如何表达每个次目标,包括如何表达话题以及如何使表达更能够吸引听者注意力。形式化阶段主要包括选择那些反映语前信息的恰当的词汇、语音或语法结构。也就是说,形成器将概念结构转化成语言结构。这一转变包括两大主要过程:语法编码和语音编码。语法编码包括获得词目(lemma)和句法构建过程。词目包括词的句法和语义信息。语法编码的结果是产生表层结构。语音编码的作用是为每个词目和整个话语提取或创建一个发音的计划。语音编码的信息来源主要是词位。与词目不同,词位包含词素和音素信息。语言编码的结果是生成发音或言语计划。但此时还不是外在的言语,只是如何发出准备好的话语的内在心理表征,Levelt将其称为"内部言语"。言语化就是通过相关肌肉的运动来执行语音计划。在现实的说话过程中,内部言语的产生会提前于语音计划的执行。为了解决这种不同步的问题,在执行之前,语音计划可能需要暂时缓存。存储的机制被称为发音缓存器(articulatory buffer)。发音器从缓存器中提取连续的内部言语片段,并用于执行语音计划。言语化阶段的结果是外在言语。

　　除此之外,概念器中存在一个监控机制,在言语产出过程中进行三轮监控。第一轮监控检查语前信息是否与说话者的原本意图一致,第二轮监控检查发音前的内部语言计划,第三轮监控检查发音后的话语。Levelt(1999)在说话流程三个主加工器的基础上又将这一言语产出过程细化为五个组成部分,即概念准备、语法编码、形态音位编码、语音编码和发音。但是新模型与旧模型的差异在于言语产出加工器构成成分细化切分程度的不同,而不在于加工的特性和顺序,没有本质上的不同,都是基于模块化的母语产出模式。

　　简而言之,Levelt认为,说话的过程是在概念器形成话语内容计划(包括表达交际目的的宏观计划和赋予宏观计划以信息结构的微观计划),生成语前信息;将语前信息输入形成器,在此激活、选择心理词库中的词汇并进行语法编码,在从音节发音库中提取发音姿势进行语音编码,最后形成内部言语;内部言语输入发音器并产出外部言语;外部言语输入听辨器,再输入言语理解系统进行分析。

3.3.2　Kormos 的二语产出模型

二语言语产出的研究是在母语研究的基础上发展起来的。De Bot（1992:2）曾指出:"单语者和双语者在说话的很多方面都是相同的。"然而,Levelt（1989）的模型并不完全适合解释二语学习者的语言产出。De Bot（1992）认为,一语产出和二语产出在形式化阶段并不相同。因为对一语的编码是自动性的,而二语产出则需要讲话者有意识地注意,特别是那些二语水平不高的学习者,更加需要时间对其交际意图进行语法编码。

在 Levelt（1989,1999）模型的基础上,Kormos（2006）提出了双语言语产出模型,尝试解释二语口语的产出（图 3.2）。该模型与 Levelt 的模型相似之处在于它同样认为双语产出是模块化的,言语产出过程也是由自主运作的概

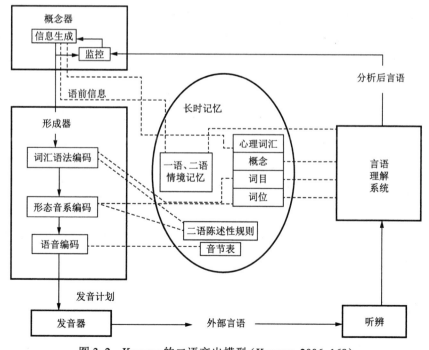

图 3.2　Kormos 的二语产出模型（Kormos,2006:168）

念形成器、形式构成器和发音器构成。与 Levelt 的模型不同的是，Kormos 以一个长时记忆系统替代了 Levelt（1999）模型中的 3 个知识储存系统，且该长时记忆系统为两种语言共享。长时记忆系统包括情节记忆、语义记忆、音节表和二语陈述性知识规则。情节记忆指的是对暂时的事件或经历的片段的存储，语义记忆包括语言的和非语言的概念以及与这些概念相连的与意义有关的记忆。语义记忆包括了概念、词目和词位 3 个层级结构。Kormos 认为前 3 个知识库是一语和二语所共享的，而二语陈述性知识规则是二语专用的。在母语产出中，这些规则是自动化的，且为编码系统的一部分（Levelt，1989）；但二语产出中，许多句干结构、短语结构以及词汇和语音规则都未达到自动化，因而以陈述性知识的形式储存。

De Bot（1992）认为，母语和二语的产出有 3 个重要的不同。首先是母语对二语加工的影响，表现为母语知识的迁移、编码加工和语码转换。其次是二语知识的不足，这使得说话人常常借助交际策略来完成交际。再次是言语建构的速度。二语产出的研究表明，母语与二语共享知识储存，如概念记忆、词库、音节表以及音素的储存，因此母语与二语项目通常存在选择的竞争（Kormos，2006；Poulisse，1999）。这一竞争的结果可能是非一语使用的语言单元被选择，这通常被称为无意的语码转换。二语学习者的目标语知识不完整，他们常缺乏表达信息的语言能力。因此，二语说话者常常必须有意识地克服交际中遇到的问题，即使用交际策略。二语资源的不足可涉及 3 个产出加工阶段：词汇、句法和音位编码。此外，由于受有限的注意资源的限制，二语说话者不能在实时交际时短暂的时间内加工他们的信息。二语产出较母语产出的速度慢得多，这是因为母语加工在话语形成器和发音器阶段基本上是自动化的，因此可以并行加工。而二语产出加工在句法和音位编码阶段均需要注意力，因此输出的某些部分只能串行加工。换句话说，母语产出时词汇、句法、形态和音位编码大部分是自动的，而这些机制即使是高级的二语学习者也只能是部分自动化。

3.4 本章小结

本章简要介绍了与论文研究相关的理论基础。由于在认知视角下任务的完成过程被视为学习者对信息进行加工的过程,因此本章首先介绍了信息加工理论。然后,介绍了注意资源加工理论。注意在二语习得的过程中有着重要的作用,同时,关于注意的有限容量假说和多重资源假说对任务研究也具有较大的影响。最后,本章重点介绍了口语产出的两个模型:Levelt 的一语产出模型和 Kormos 的二语产出模型。本研究将使用这两个模型解释学习者的任务产出过程。

研究设计

本章主要呈现研究设计。为了确保研究实验的顺利实施,研究者在实施正式研究之前进行了先导研究。首先,介绍了先导研究的目的与问题。继而,汇报了先导研究的实验设计,主要包括研究对象、口语任务、实验流程、衡量指标以及数据的整理与分析等。最后,报告了研究的结果与发现。在呈现先导研究之后,本章详细介绍了正式研究中拟回答的研究问题,简要描述了研究对象、所使用的研究工具与语言产出衡量指标,接下来呈现了实验步骤以及数据的整理与分析方法。

4.1 先导研究

先导研究能够"帮助避免正式开展研究时出现的一些不必要的问题"(Robinson,2002:383)。对于任何的实验研究,开展先导研究都是有必要的。实施先导研究通常是为了检验或修改并最终确定正式研究中拟使用的材料和方法。本节内容主要呈现先导研究的问题与研究设计,最后简要报告先导研究的结果与发现。

4.1.1 研究目的与问题

本研究先导研究的目的主要是以下几点:

(1)确定正式研究中拟采用的口语任务及受试准备时长。

(2)初步发现任务复杂度对受试口语产出表现的影响,为正式研究中提出研究假设提供依据。

（3）确定通过刺激性回想所收集到的数据的质性编码方案。

（4）发现实施任务过程中可能出现的其他问题，以便在正式研究中改进研究设计。

根据上述研究目的，本次先导研究拟回答以下问题：

（1）所采用的 4 项口语任务对于受试而言难度是否得当？受试对口语任务是否感兴趣？

（2）给予受试的任务准备时间是否合适？

（3）任务复杂度如何影响受试口语产出的句法复杂性、准确性和流利性？

（4）任务复杂度如何影响受试口语产出的心理过程？

4.1.2　研究对象

先导研究中的受试为国内某所 985 高校非英语专业大一学生 4 名，全部为女生。其中，1 名学生高中毕业于东北部某地级市的一所外国语学校，该生在距离本次先导研究最近的一次学校期末英语考试成绩中排名年级第二，其他 3 名为来自南部省份的免费师范生，期末英语考试成绩为中等偏下。因此，基本可以认为 1 名受试属于较高水平学习者，其他 3 名属于较低水平学习者。

4.1.3　口语任务

先导研究中使用了 4 项图片叙述任务（见附录 2-5），分别为任务 1《约会竞猜》、任务 2《憨豆考试》、任务 3《手机推荐》和任务 4《憨豆跳水》。其中，任务 1 和 3 为决定型任务，任务 2 和 4 为复述型任务。选择这两种类型任务是由于图片叙述任务被广泛应用于二语任务复杂度的研究之中（Gilabert，2007b；Michel，2011；Robinson，2001a，2001b，2005，2007），而研究也表明决定型任务产出的整体语言结果最稳定（Foster & Skehan，1996；Skehan & Foster，1997）。任务 1 和 3 改编自 Michel（2007，2011，2013），任务 2 和 4 选自幽默剧《憨豆先生》。《憨豆先生》是二语任务研究中使用广泛的任务来源（如 Choong，2011；Skehan & Foster，1999；Wang，2014）。

以上 4 项任务分别被分为简单和复杂两个版本。其中决定型任务按

Robinson（2001a，2005，2007b，2011）提出的元素多少变量控制任务复杂度，复述型任务按推理需求变量控制任务复杂度，2个变量都属于资源指向型变量。在任务1简单版本中，受试需要对参加某一电视约会节目的4名选手进行配对竞猜，依据所提供的信息选出认为最适合的1对选手，并解释其做出选择的原因。在任务3的简单版本中，受试被要求从所提供的4款手机中向自己的好友推荐1款最适合对方的手机。任务1对应的复杂版本要求受试在6名选手中选出自己认为最适合的1对，任务3的复杂版本则要求受试按要求从6款手机中向好友推荐其中1款，并说明选择的理由。任务2和4的简单版本分别要求受试依据选自《憨豆先生》剧中的10幅图片呈现一个情节完整的故事，图片的顺序已经排列好，受试只需要按图片的先后顺序呈现出图片反映的故事即可。任务2和4对应的复杂版本则将中间6幅图片的顺序打乱，同样要求受试就10幅图片呈现故事。由于受试在呈现故事时需要首先对图片的顺序进行排序，这需要消耗受试额外的注意资源，因此复杂任务给受试带来的认知负荷更高。

4.1.4 实验流程

鉴于先导研究的目的，研究者按正式研究中的流程要求受试完成所有的4项任务的简单和复杂2个版本，共8项任务。全部任务共分4次进行，实施任务时，4名受试依次序单独进入录音场所，受试每次完成2项任务（见表4.1）。在每次任务开始前，研究者向受试详细说明实验的过程，告知受试拟完成2项口语任务，完成任务的过程将被录音（或录像）。之后，研究者向受试发放任务指令，并告知受试如果对拟完成的任务有任何不明之处可以在任务开始前向研究者进行咨询。这样做的目的是确保受试明确任务的要求，并按要求完成口语任务。在完成上述步骤后，研究者向受试发放任务所需图片，要求受试在准备一定时间后开始任务产出。研究者对受试的任务产出过程进行录音或录像。表4.1呈现了先导研究中具体的任务实施安排。

参考类似研究（如 Choong，2011；Kormos & Trebits，2011；Michel，2011，2013）的做法，研究者在每项任务开始之前给予受试2分钟的准备时间。受试在每项任务结束之后完成任务感知问卷（附录7、8）。该问卷采用利克特五级量表的形式，由任务感知难度、自信心、压力、挫败感和动机组成。问卷多次在

表 4.1 任务实施具体安排

第一周	T1S01；T2C01	第二周	T3S01；T4C01 录像
	T1S02；T2C02		T3S02；T4C02 录像
	T1S03；T2C03 录像		T3S03；T4C03
	T1S04；T2C04 录像		T3S04；T4C04
第三周	T1C01；T2S01	第四周	T3C01；T4S01 录像
	T1C02；T2S02		T3C02；T4S02 录像
	T1C03；T2S03 录像		T3C03；T4S03
	T1C04；T2S04 录像		T3C04；T4S04

注：T1—T4 分别指任务1、任务2、任务3和任务4，S指简单任务，C指复杂任务，01—04 为受试编号。

已有的相关研究中使用（Gilabert，2007a；Michel，2011；Robinson，2001）。

为了尽可能地避免任务实施的顺序效应，研究者要求受试隔周完成相同任务的不同版本（参考 Salimi & Dadashpour，2012）。在实验的第一周，4 名受试分别完成任务 1 的简单版本和任务 2 的复杂版本。在第二周，受试分别完成任务 3 的简单版本和任务 4 的复杂版本。之后的 2 周，受试分别完成上述 4 项任务的对应版本。

为了考察任务复杂度对学习者口语产出过程的影响，研究者在每次完成任务时选取 2 名受试对她们的产出过程进行录像，并要求受试一边观看录像一边回想任务产出时的心理活动。按照刺激性回想的规范，受试每完成 1 项任务时，研究者立即实施刺激性回想。刺激性回想的全过程采用录音笔进行录音。

4.1.5 衡量指标

已有的文献显示，任务研究者采用众多不同的任务表现衡量方式（Ellis，2003；Ellis & Barkhuizen，2005；Skehan，1998）。由于本研究拟从认知视角探究任务复杂度的效应，因此，遵循已有的研究规范，本研究从句法复杂性、语言准确性和流利性 3 个方面衡量学习者的语言产出。所采用的产出衡量指标如表 4.2 所示。

表 4.2　先导研究采用的口语产出衡量指标

产出维度	衡量指标	计算方法
句法复杂性	AS 单位内子句数 AS 单位平均长度 从句子句比	子句总数除以 AS 单位总数 单词总数除以 AS 单位总数 从句总数除以子句总数
准确性	无错子句数比率 每百词错误数	正确子句数除以子句总数 错误总数除以单词总数再乘以 100
流利性	语速	剔除后每秒钟单词数

（1）句法复杂性。该维度共有 3 项衡量指标，AS 单位内子句数、AS 单位平均长度以及从句子句比[1]。本研究之所以采用 AS 单位而没有采用 T 单位作为基本的语言分析单位，是因为考虑到口语不同于书面语，在口语中存在很多省略成分。

（2）准确性。准确性的衡量共包括 2 项指标：无错子句数比率和每百词错误数。每百词错误数是心理语言学中的一种标准的衡量方式，通常被认为比其他常用指标更可靠（Crespo，2011）。与任务复杂度大部分研究一致，此处的错误包括句法、形态、词序和用词错误。

（3）流利性。由于已有的研究对于学习者产出流利性发现较为一致，本研究侧重于发现任务复杂度对学习者产出句法复杂性和准确性的影响，因此，在流利性维度仅采用了语速这一个指标。根据 Mora & Valls（2012），语速是一个有力的衡量指标，已经在很多研究中被证实能够比较可靠地反映学习者的口语流利性[2]。

4.1.6　数据的整理与分析

数据的收集持续 4 周时间，研究者使用录音笔对受试语言产出进行录音，

---

[1]　这 3 种指标本质上衡量的是句法单位长度和子句密度，它们是最常用的句法复杂性衡量指标。由于国内学者对句法复杂性的研究以书面语居多，国内研究更多地以 T 单位长度、子句长度、T 单位内子句数，以及从句子句比衡量学习者语言产出（如鲍贵，2009；文秋芳，胡健，2010；徐晓燕，王维民，熊燕宇，蒋婧，潘小燕，孙念红，2013）。

[2]　二语习得研究领域通常采用 2 种方式测量学习者口语产出的语速。其中，第一种在计算单词或音节总数时包括重复、修改等非流利现象；第二种剔除了非流利现象，仅统计清洁后文本中的单词或音节数。本研究中采用的是第二种方式。

使用 QuickTime player 进行录像，对录音文件使用 Soundscriber 进行了转写^①。录音文本的转写全部由研究者本人与 3 名应用语言学硕士研究生共同完成，最后研究者本人进行了核对。经过转写后，共获得 4 名受试 32 篇口语任务录音文本和 16 篇刺激性回想录音文本。

为了对转写后的录音文本进行分析，我们首先将原始文本进行了整理。该步骤目的在于剔除受试产出文本中的非流利现象，主要包括重复、修改、停顿等。然后将每篇文本切分为多个言语分析单位，即 AS 单位（Foster, Tonkyn & Wigglesworth, 2000）。AS 单位包括独立句以及主句附带从句或从句成分的句子单位。与已有的任务研究文献一致，本研究将口语中的停顿现象考虑在内，以 0.5 秒作为界定标准，超出 0.5 秒的长时停顿被认为是 2 个 AS 单位的间隔标志。例如：

（1）|He walked past the tablemate silently and looked at his paper carefully|（1 个 AS 单位）（2 个并列成分之间的停顿时长不足 0.5 秒）

（2）|Tom picked a pen from the floor| and told his classmate|　（2 个 AS 单位）（2 个并列成分之间的停顿时长超出 0.5 秒，而且第一个成分以降调结束）。

子句（clause）由 1 个主语（包括并列主语）和 1 个限定动词（包括并列的限定动词）组成，包括独立句和从属句，以及"语法上独立的述位结构或就问题所做出的回答"（Mehnert, 1998: 90）。从属句包括状语从句、定语从句、主语从句、表语从句和同位语从句。例如：

（3）|They decide to eat|　（1 个子句，1 个 AS 单位）

（4）|So he sit down :: to look for his pen|　（2 个子句，1 个 AS 单位）

（5）|and he don't know :: what the answer is|　（1 个从句，2 个子句，1 个 AS 单位）

在确定上述语言分析单位的标准后，研究者便可按照标准对受试录音文本进行切分和标注，并算出受试在不同指标上的得分情况。为了保证衡量结

---

① 转写规范见附录 10。

果的信度,本论文作者与另外 2 名应用语言学博士生对随机抽选的 5 篇录音文本分别进行了标注,并分别计算出本研究所采用的 6 项衡量指标。对于上述指标计算结果不一致的地方,我们进行了讨论,直到意见达成一致。

由于先导研究中仅有 4 名受试,录音文本数量较少,我们对转写后的文本按上述三个维度确定的衡量指标进行了统计,所得数据采用 SPSS 20.0 进行分析。所采用的方法仅涉及描述性统计分析。对转写后的刺激性回想文本,我们采用质性研究的方法以 Levelt 的言语产出框架为基础进行了标注和归类。

4.1.7 研究结果与发现

4.1.7.1 受试对口语任务的感知情况

研究问题 1 旨在考察任务难度对学习者是否得当,以及学习者是否对任务感兴趣。为了回答该问题,本研究采用了 Robinson 设计的任务感知问卷(见附录 7、8),该问卷曾在多个研究中使用(Robinson,2001b;Gilabert,2005;Michel,2011,2013;何莲珍,王敏,2003)。问卷的描述性统计结果如表 4.3 所示。

表 4.3 受试口语任务感知问卷结果

口语任务	难度(M)简单/复杂	压力(M)简单/复杂	自信(M)简单/复杂	兴趣(M)简单/复杂	动机(M)简单/复杂
任务 1	2.75/3.0	2.25/2.25	2.25/2.75	4.50/4.25	4.0/3.75
任务 2	3.25/3.0	2.25/2.25	3.25/3.25	4.50/4.0	4.50/4.0
任务 3	2.0/2.50	1.75/2.0	3.75/3.25	4.75/4.0	4.50/4.0
任务 4	2.75/3.25	2.25/2.50	2.50/3.0	4.50/4.75	4.50/4.50

注:M=均值,简单=简单任务,复杂=复杂任务。

该问卷共有 5 个题项,对应考察学习者对任务难度、任务造成的压力、完成任务时的自信心以及对任务的兴趣和动机。由上表可以看出,4 项任务中除了任务 3 得分较低,其他 3 项得分基本在 3 分左右,说明对受试而言难度为中等。上表还显示出受试对 4 项任务的复杂版本和简单版本的难度评价情况。从受试得分情况看出,受试基本认为任务的复杂版本难度更大(除了任务 2)。此外,受试在关于任务兴趣和动机的题项中得分均较高,平均分基本超过

4 分,这说明受试对这 4 项任务都有着较高的兴趣。上表还反映出受试在个别任务中(如任务 1)更为自信,同时任务压力也没有增加。该结果可能的原因是任务类型的练习效应提升了受试的自信心。由于受试已经完成过类似的任务,她们在对应版本的任务中焦虑感有所降低,也变得更加自信。

除了采用问卷的形式,我们还在受试完成任务后对她们进行了简单的访谈,主要目的是进一步了解他们对每项任务的难度感知情况。访谈结果作为问卷调查的补充,辅助我们确定最终拟采用的任务。访谈结果显示,受试基本认为每项任务的复杂版本难于简单版本。不过,访谈也为我们提供了问卷调查所无法获得的有效信息。例如,个别受试反映任务 2 图片中的背景较为混乱,画面提供的场景太小,因而影响她们对图片内容的判断。相比之下,受试反映任务 4 中图片涉及的人物和背景更加简单,提供的场景信息则更清楚。此外,还有受试反映对任务 3 中涉及的关于电子产品信息的相关词汇不熟悉。

问卷及访谈结果为研究者确定正式研究中的任务提供了重要的参考。根据问卷及访谈的结果,我们最终确定在正式研究中采用任务 1 和任务 4 两项任务。其中,任务 1(约会竞猜)以元素多少为任务复杂度控制变量,任务 4(憨豆跳水)以推理需求为任务复杂度控制变量。

4.1.7.2 受试准备时长的确定

在每名受试完成一项口语任务之后,研究者就所给予受试的准备时长是否合适进行简单的访谈。受试的回答将作为研究者确定正式研究中准备时长的重要依据。参照 Choong(2011)和 Michel(2011,2013)的做法,研究者在 4 项任务中分别给予受试 2 分钟的准备时间。就准备时长而言,受试基本认为 2 分钟可以看完所有图片反映的大致内容,但是并没有额外的时间进行构想。个别受试反映任务 2 和 4 的复杂版本准备时间比较紧张,但简单任务中 2 分钟基本够用。由于本研究目的之一是探究任务复杂度对受试口语产出心理过程的影响,因此,尽量避免任务前构想的影响尤为重要。鉴于此,研究者最终确定在正式研究中给予受试 2 分钟的准备时间。

4.1.7.3 任务复杂度对受试口语产出结果的影响

为了清楚地展现任务复杂度对学习者口语产出结果的影响,我们对 4 名受试在句法复杂性、语言准确性和流利性 3 个维度上的衡量指标进行了描述性统计分析,所得到的具体结果如表4.4所示。

表4.4　任务复杂度对学习者口语产出影响的描述统计结果

任务 指标	任务1 (简单/复杂)	任务2 (简单/复杂)	任务3 (简单/复杂)	任务4 (简单/复杂)
AS单位 子句数	1.65/1.73(M)↑ 0.30/0.22(SD)	1.41/1.41(M)= 0.23/0.15(SD)	1.59/1.49(M)↓ 0.21/0.23(SD)	1.30/1.34(M)↑ 0.16/0.18(SD)
AS单位 长度	10.45/10.16(M)↓ 1.57/2.33(SD)	9.54/8.92(M)↓ 1.40/0.71(SD)	9.37/9.94(M)↑ 1.14/1.38(SD)	8.54/8.58(M)↑ 1.50/1.27(SD)
从句 子句比	0.35/0.37(M)↑ 0.15/0.10(SD)	0.20/0.23(M)↑ 0.09/0.08(SD)	0.40/0.40(M)= 0.06/0.20(SD)	0.17/0.14(M)↓ 0.05/0.07(SD)
无错 子句比	0.58/0.61(M)↑ 0.12/0.12(SD)	0.47/0.53(M)↑ 0.21/0.20(SD)	0.71/0.58(M)↓ 0.13/0.22(SD)	0.54/0.53(M)↓ 0.13/0.17(SD)
每百词 错误数	7.26/7.68(M)↑ 1.26/3.32(SD)	7.67/8.25(M)↑ 2.41/3.68(SD)	4.72/7.03(M)↑ 2.33/3.18(SD)	6.81/7.89(M)↑ 2.32/2.23(SD)
每分钟 词数	78.95/69.61(M)↓ 14.31/16.63(SD)	71.68/67.14(M)↓ 21.70/18.52(SD)	77.66/71.26(M)↓ 8.03/18.84(SD)	70.26/64.60(M)↓ 17.07/15.99(SD)

注:M为平均数,SD为标准差,符号↑表示提高,↓表示降低,=表示没有变化。

上表显示了在4项任务中任务复杂度对受试口语产出结果的影响。就所采用的衡量指标而言,4项任务中结果全部一致的是语言流利性维度。结果表明,增加任务复杂度降低了学习者产出的流利性。然而,关于学习者产出的复杂性和流利性,4项任务所呈现的研究结果并不一致。具体而言,在任务1中,任务复杂度对受试产出的句法复杂性影响在3项指标上结果不同,对2项准确性指标的影响也不同。在任务2中,任务复杂度在AS单位长度这一指标上表现出消极影响,在2项准确性指标上表现出不同的影响。在任务3中,任务复杂度在2项口语产出句法复杂性指标上表现出不同的影响,但在2项准确性指标上表现出一致的负面效应。相比之下,任务复杂度在不同指标的效应比较一致地体现在任务4中,即受试在复杂任务产出中2项句法复杂度指标提高了,而语言准确性下降。

得出的结果不完全一致,上表显示任务复杂度在不同任务中对学习者口语产出的效应是不同的。任务复杂度可能会提高学习者句法复杂性和语言准确性的某些指标,也可能会降低二者的某些其他指标。需要指出的是,由于受很多因素的影响,先导研究的结果并不具有很强的说服力。首先,先导研究仅涉及 4 名受试,她们之间存在的个体差异会在很大程度上影响研究的结果。其次,任务实施产生的顺序效应可能会影响最终的结果。最后,受试在完成个别任务时所分配的准备时间不够,这同样会对研究的结果产生影响。然而,本次先导研究的重要目的是为正式研究确定任务,并确保任务的顺利实施。考察 4 名受试口语产出结果只是为了对任务复杂度效应有大致的了解。因此,上述几点不足正是需要在正式研究中进一步完善和改进的地方。

4.1.7.4　任务复杂度对受试口语产出心理特征的影响

Levelt 的言语产出模型在口语产出中应用最广,而且也被广泛用于任务研究领域。因此,以 Levelt 的模型为基础,参考目前已有的关于学习者口语产出过程的研究(如马冬梅,2013),研究者对所获得的刺激性回想数据进行了尝试性的编码。首先,将受试回忆的心理活动划分为发音前和发音后心理机制。发音前的心理特征的判断标准是回忆内容针对尚未产出的话语,发音后心理特征的鉴别标准是回忆内容针对已经产出的话语。发音前心理活动如果是关于话语内容,则归入 Levelt 模型的概念器;如果是关于言语形式,则归入 Levelt 模型的形成器。发音后的心理机制是对已产出话语的监控,全部归入 Levelt 模型的言语理解系统。然后,根据受试心理活动的具体特点,概念器中的心理特征又可以进一步分为内容搜索、内容组织、内容准确性和恰当性。形成器中的心理特征分为如何表达、表达准确性和恰当性,再进一步根据语言层面(话语、词语、语音、语法)细分。言语理解系统心理机制的分类和前两类相似。最后,统计受试具体心理特征的类型和数量。

我们选取了受试 1 在任务 3 的复杂版本和简单版本中的刺激性回想结果进行了分析,以发现该受试在不同复杂度的任务产出中心理特征的不同。表4.5 显示了该名受试在简单任务和复杂任务中的具体心理特征。

表 4.5 大致呈现了受试 1 在完成任务 3 的两个不同版本时的心理活动特征。总体而言,受试在复杂任务中回忆起的心理活动更多。表 4.5 显示,无论是在简单任务还是在复杂任务中,受试的心理活动更多地集中于言语的形成器阶段,即如何表达话语和词汇。受试在概念器阶段的心理活动数量相同,分别涉及内容搜索和内容加工。受试在两次任务中心理活动的最大不同体现在发音后心理活动上。受试 1 在复杂任务产出中关于语言形式监控的心理特征

表 4.5　受试 1 在任务 3 产出中的心理特征类型

		类型		数量	
				简单	复杂
言语产出心理活动	发音前心理活动	概念器	内容搜索	1	
			内容组织		1
		概念器阶段小计		1	1
		形成器	话语表达	2	3
			词汇表达	2	2
			词汇恰当性		1
		形成器阶段小计		4	6
	发音后心理活动	言语理解系统	词汇准确性		1
			语法/句型准确性		1
		言语理解系统阶段小计		0	2
总计				5	9

更多,主要表现在发音后对词汇和语法准确性的监控。

　　通过表 4.5,我们可以对受试任务产出时的心理活动特征有大概的了解。若要考察心理活动与口语产出结果之间的关系,需要结合受试在产出维度上的具体性指标进行分析探讨。经过分析,受试 1 在简单任务和复杂任务中的产出指标值分别为:AS 单位子句数(1.57>1.47)、AS 单位长度(8.95>8.50)、无错子句比(0.70<0.79)、每百词错误数(6.92>4.41)。结果表明,受试 1 在复杂任务产出中句法复杂性降低,而语言准确性提高了。上表显示,受试 1 在复杂任务中将更多的注意力用于言语形式监控,这或许能够解释为什么受试在复杂任务中语言准确性得到了提高。然而,这样的解释仅限于受试 1 在任务 3 中的产出。言语的产出是一个相当复杂的过程,至于受试的心理活动如何影响到她在其他产出维度的表现仍需要进一步深入的探讨。为此,我们拟在正式研究中纳入更多的受试,同时更加深入地探究受试心理活动与她们的口语产出结果的关系。

4.1.8　小　结

　　为了给正式研究做好准备,本次先导研究在小范围内选取了少量学习者考察了任务复杂度对她们口语产出的影响。具体而言,研究选取了 4 名非英语专业大学生作为受试,要求受试完成 4 项口语任务。其中,2 项以元素多少为控制变量,另外 2 项以推理需求为控制变量,每项任务区分简单和复杂两个版本。先导研究基本采用与正式研究相同的实验流程,采用了整体性指标衡量学习者产出的句法复杂性、准确性和流利性。由于先导研究的主要目的在于确定正式研究中拟使用的任务和实验流程,研究者采用了问卷和访谈的形式考察了受试对任务难度的感知情况以及任务的准备时长问题。本次先导研究还选取了 1 名受试作为个案,考察了任务复杂度对其口语产出过程的影响。

针对所提出的研究问题,本次先导研究主要有以下发现:

(1)4 项研究任务对于受试而言难度适当,同时能够引起受试较大的兴趣。结合问卷与访谈的结果,研究者最终选定先导研究中的任务 1 和任务 4 作为正式研究中拟使用的任务,确定正式研究中任务准备时长为 2 分钟。

(2)在复杂任务中学习者口语产出流利性降低,准确性在不同任务中受到的影响不一致,基本以降低为主,而句法复杂性受到的影响则最不一致,不同的指标显示出不同的结果。

(3)任务复杂度对学习者口语产出过程的影响主要集中在发音前和发音后词汇、句法准确性方面。在以元素多少控制的复杂任务中,学习者更多地监控其口语产出中的语法和词汇,而与产出内容相关的心理特征数量则与对应的简单任务中没有差异。

总体而言,本次先导研究达到了预期的目的。首先,确定了正式研究中拟使用的任务及准备时长。其次,确定了正式研究中对刺激性回想数据进行编码和分析的框架。最后,先导研究中产生的一些预期之外的问题为正式研究中改进研究设计等方面提供了重要的参考。

4.2 研究问题

本研究主要有三个目的:第一,进一步探究任务复杂度对中国英语学习者口语产出表现的影响;第二,探究任务复杂度对中国英语学习者口语产出心理过程特征的影响;第三,尝试发现中国英语学习者在口语产出时的心理特征与其语言特征的关系。针对上述研究目的,本研究拟回答以下问题:

（1）任务复杂度对非英语专业大学生口语产出结果是否有影响？如果是，有怎样的影响？

（2）任务复杂度对非英语专业大学生口语产出的心理特征是否有影响？如果是，有怎样的影响？

（3）非英语专业大学生在完成不同复杂度任务时的心理特征与其口语产出结果有何关系？

4.3 研究受试

本研究的受试为国内某所 985 高校 36 名非英语专业一年级大学生，其中女生 34 名，男生 2 名[①]。研究者通过网络广告的形式招募受试人员，所有受试均自愿参加本研究。受试来自法学、金融、环境保护等不同专业，均以汉语为母语，且具有至少 9 年英语学习经历。在开始任务之前，受试全部接受英语水平测试。由于完形填空测试通常被认为能够反映学习者整体语言水平（Brown & Rogers，2002；Hinofotis，1980；Li，2014），本研究采用全国公共英语等级考试（PETS）三级真题中的 2 篇完形填空来测量受试的英语水平。该级别是 PETS 考试 5 个级别中的中间级，其标准相当于我国学生普通高中毕业后在大专院校又学习了 2 年公共英语或自学了同等程度英语课程的水平。每篇完形填空包括 20 道题，共计 40 道题，要求受试在 25 分钟内完成。测试结果显示，受试成绩平均分为 67.5，最高分 87.5，最低分 45。根据测试成绩，受试基本属于中等水平学习者。事实上，绝大多数任务研究都选择中等或中等偏下水平学习者为研究对象。其主要原因是该群体占二语（含外语）学习者的大多数，因此，研究结果相对而言更具有普适性。

4.4 研究工具

正式研究使用的研究工具有口语产出任务、刺激性回想以及任务感知问

---

① 此处的 36 名受试指的是网络招募的全部受试数量，在完成任务的过程中存在受试的流失等情况。事实上，有 2 名受试未能完成所有的任务，同时另外有 3 名受试的任务 4 录音文本不符合分析的标准。在数据的收集阶段，研究者剔除了不合格的样本录音。因此，任务 1 的有效受试为 34 人，任务 4 的有效受试为 31 人。

卷。其中,口语产出任务用来诱导学习者产出语言,刺激性回想用来收集学习者任务产出的心理特征,任务感知问卷主要用于获知学习者对所使用的口语任务的难度等感知情况。

4.4.1　口语任务

本研究中的任务复杂度指的是任务的认知复杂程度[①]。任务复杂度的操作化定义为任务给学习者造成的推理需求的高低和任务涉及元素的多少[②]。本研究拟采用 4 项复杂度不同的图片叙述和决定型任务,其中有 2 项复杂任务、2 项简单任务。图片叙述任务采用推理需求变量控制任务复杂度,决定型任务依据元素多少控制任务复杂度。图片叙述任务要求受试针对所提供的一组图片所展示的内容进行复述。

与二语任务研究领域中的相关研究一致(如 Choong,2011;Robinson,2000;Niva,2000;Nuevo,2006;Robinson,2007),本研究将推理需求操作化定义为受试叙述的图片是否有既定的顺序。即,在复杂任务中,研究者向受试呈现一组打乱顺序的图片,要求他们合理组织确定图片顺序并针对图片内容进行叙述。而在简单任务中,研究者向受试呈现一组有固定顺序的图片并要求他们就图片内容进行叙述。决定型任务要求受试就 2 组不同数量的图片按要求做出决定(Michel,Kuiken & Vedder,2007;Michel,2013)。其中简单任务包括 4 张图片,复杂任务包括 6 张图片。它们所呈现的内容相同,每张图片呈现一个人物,并附有简单的个人信息。受试被要求根据所给的人物的特点选择理想的男女配对方案,并给出原因。两项任务的区别在于复杂任务涉及的元素更多,因此被认为给受试造成更大的认知负荷。

任务 1(约会竞猜)要求受试就某电视台一档交友节目进行男女选手约会竞猜。该任务贴近现实生活,模拟现实中的场景。受试拿到的图片提供了选手的个人照片以及年龄、爱好等信息。受试需要依据所提供的选手的个人信

---

① 本研究中的任务复杂度也包括 Skehan(1996,1998)提出的任务结构性等变量。采用"任务复杂度"这一术语的原因是更加方便与"任务难度"概念有所区分,并不意味着作者完全赞同 Robinson 对任务复杂度的分类方式。

② 选择这两个变量一是因为它们是近年来二语任务研究领域研究者关注越来越多的变量,因此,便于将本研究的结果与已有研究进行比较。第二个原因是为了对这两个变量本身的影响进行适当的比较,有助于深化对任务复杂度变量控制方式的理解。

息选择出最有可能约会成功的一对,同时对自己的选择做出合理的解释(见附录2)。其中,简单任务中有两男两女共4名选手供受试做出选择,复杂任务中有三男三女共6名选手供受试选择。

任务4(憨豆跳水)选自幽默剧《憨豆先生》,共有10幅图片。该任务图片呈现的大致剧情是:憨豆先生爬上跳台,但是发现跳台太高而不敢尝试跳水,于是他趴在跳台慢慢移动身体。最后,憨豆先生两手抓住跳台边缘,进退两难。这时候2名男孩爬上跳台,当看到憨豆先生悬在跳台上,他们便打算上去捉弄一下他。其中一名男孩走到跳台边缘用脚踩住憨豆先生的一只手,憨豆先生应声落水。其中,在简单任务中图片的顺序已经设定好,而复杂任务中的中间6幅图片顺序已经被打乱(附录5)。受试在简单任务中仅需要按设定好的顺序讲出图片反映的故事,而在复杂任务中则需要先对图片进行合理排序,才能开始叙述故事。同时,研究者要求受试不能对图片做任何标记,这使得受试在叙述过程中需要关注图片的顺序。因此,复杂任务给受试带来的认知负荷更大,需要消耗受试更多的认知资源。

4.4.2 刺激性回想(Stimulated recall)

在二语研究中,内省法(Introspection)是一种普遍的数据诱发来源,刺激性回想属于内省法的一种。内省法的主要目的是揭示仅靠观察所不能呈现的认知过程。刺激性回想通常需要有录像、录音、图片等作为刺激物帮助受试进行回想。刺激性回想、有声思维以及回溯性访谈都属于口陈报告方法,但是它们的适用条件有区别。有声思维是指学习者在完成某一任务时将在线的、即时的心理活动言语化,此时口陈报告与活动本身是同时进行的,因此该法常被用于考察学习者阅读理解与写作的认知过程。刺激性回想则不只是要求学习者讲出当时的心理活动,还需要对当时的想法进行解释(Ericsson & Simon, 1980)。回顾性访谈则指的是要求学习者在完成任务后对当时心理活动过程进行言语化。

在教育研究领域,刺激性回想已经成为一种普遍的研究方法。但是在二语习得研究领域,相对于有声思维等方法,采用刺激性回想方法进行的研究仍属少数。Gass & Mackey(2000)详细地介绍了刺激性回想方法的特点、实施过程与数据分析等问题,并指出了二语习得研究中可以使用该法进行研究的领域,如口语产出、句法加工、意义协商。她们认为,刺激性回想比回溯性访谈和有声思维有一定的优势,因为回溯性访谈过度依赖受试记忆,而采用有声思维则需要对受试进行训练。研究表明,该法操作得当时准确性较高,尤其是当某一事件结束后立即进行刺激性回想时(Ericsson & Simon,1980)。已有的研究已经证明使用该法探究二语学习者心理语言机制的有效性(如 Mackey, Gass & McDonough,2000;Polio, Gass & Chapin,2006)。

实施刺激性回想不宜一次涉及太多受试,应尽量保证语言产出至刺激性回想的时间对于每名受试而言都是同样多,否则会降低研究的信度,影响个别受试的真实数据信息(Gass & Mackey,2000)。为了尽可能完整和准确地探究受试心理特征,本研究中对受试的刺激性回想在每项任务完成后立即进行(见附录9)。在回想时,研究者要求受试一边看自己的视频录像,一边回想完成任务时的动态心理过程。受试回忆起某些活动时,随时示意研究者暂停视频,并说出其当时的想法。考虑到某些受试可能不善于表达自己的想法,除了依赖受试自发地回想,在观看视频的过程中,研究者也注意仔细观察受试在任务产出时的表情等非语言因素,并在必要时暂停视频询问受试当时的想法。受试可以使用母语进行回想,研究者对受试的回想过程进行录音。根据视频和任务图片的信息,受试基本可以回想起他们当时的思维活动。

4.4.3　任务感知问卷

正式研究所使用的问卷与先导研究中的一致,该问卷采用利克特五级量表的形式,分别考察受试整体任务难度感知、焦虑、压力、兴趣以及动机。该问卷曾在多项已有的关于任务复杂度的研究中使用(Gilabert,2007a;Michel,2011;Robinson,2001a;何莲珍,王敏,2003)。问卷共包括以下题项:① 我觉得这个任务简单;② 完成这个任务我感到沮丧;③ 这个任务我完成得不好;④ 这个任务没有意思;⑤ 我想做更多类似的任务。

4.5　产出结果衡量指标

二语任务研究领域的绝大多数研究都以整体性指标衡量学习者语言产出。Robinson, Cadierno & Shirai(2009)曾指出,采用整体性复杂性和准确性指标的好处是不同的研究结果之间可以进行比较,但是具体性指标对于任务复杂度以及语言负荷可能会更加敏感。事实上，Robinson 等人的研究发现，在复杂任务中学习者的口语产出中出现了更高级阶段的时体形态。也就是说，研究结果证明了具体性指标比整体性指标更能够捕捉到任务复杂度的效应。

目前，任务研究领域采用具体性指标衡量学习者语言产出的研究数量非常有限，仅有 Robinson, Cadierno & Shirai（2009），Choong（2011）和 Michel（2013）等几项研究。在借鉴相关研究的基础上，本研究拟采用整体性指标和具体性指标相结合的方式考察任务复杂度对学习者口语产出的影响。表 4.6 呈现了正式研究所使用的全部指标。

表 4.6　正式研究所使用的语言产出结果衡量指标汇总

产出维度	衡量指标	计算方法[①]
句法复杂性	平均 AS 单位内子句数	子句总数除以 AS 单位总数
	AS 单位平均长度	单词总数除以 AS 单位总数
	从句与子句比	从句总数除以子句总数
	连词使用	具体连词的使用频率与分布比例
准确性	无错子句数比率	正确子句数除以子句总数
	每百词错误数	错误总数除以单词总数再乘以 100
词汇多样性	D	调整后的类符形符比
词汇复杂性	Lambda	高频词的使用
流利性	语速	剔除后每秒钟单词数

由表 4.6 可以看出，正式研究中采用的衡量指标比先导研究中更为丰富。就整体性指标而言，正式研究中增加了词汇多样性和词汇复杂性指标。除了以上整体性衡量指标，正式研究中还将连词的使用情况作为具体的复杂性衡量指标。

4.5.1　整体性指标

在先导研究中，我们采用了 6 项具体指标衡量了学习者产出的句法复杂性、准确性和流利性，这些指标全部为整体性指标。为了进一步地考察任务复杂度对学习者产出结果的影响，正式研究中增加了词汇多样性和词汇复杂性

---

① 本研究中每个衡量指标的计算结果均以清洁后的文本（pruned speech）为基础，即剔除停顿、重复以及自我修正等非流利现象之后的文本。

指标。

（1）句法复杂性：句法复杂性指学习者语言的句法或语法方面的复杂程度。本研究采用的句法复杂性指标为平均 AS 单位内子句数、AS 单位平均长度以及从句与子句比，这些指标与先导研究中完全相同。

（2）准确性：准确性指学习者产生无错语言的能力。本研究采用无错子句数比率和每百词错误数两项指标衡量准确性。其中，错误包括句法、形态、词序和用词错误。错误的认定标准同样与先导研究一致。

（3）词汇使用：词汇使用包括词汇多样性和词汇复杂性。其中，词汇多样性采用 D 值衡量，词汇复杂性采用 Lambda 值衡量。D 值是一种修正后的形次比，反映了讲话者避免使用相同语串的概率。Lambda 值测量的是低频词在语篇中的分布，Lambda 值越大，表明词汇复杂性越高。

（4）流利性：流利性采用语速指标衡量，即剔除停顿、重复、修复等非流利特征后每秒钟产出的单词数量。

4.5.2　具体性指标

正式研究与先导研究在衡量指标方面的最大不同就是采用了具体性指标。本研究中确定的具体性指标是学习者的连词使用情况。之所以选择连词指标作为具体句法复杂性的衡量指标，是因为已有的研究表明这一结构特征通常被认为与推理因素相关。Robinson（2005）认为，与不需要推理的任务相比，需要推理的任务更可能促使讲话者通过呈现对比、因果和条件等关系支持自身的观点。相应地，这些交际和概念需求可能会反映在说话者的语言使用中，比如，使用更多的并列连词以及由"because""so""if"等引导的状语从句。采用连词指标考察元素多少变量的影响同样是受相关研究的启发。Kuiken & Vedder（2007）认为，控制任务的元素多少变量增加任务认知复杂度，同时也会增加任务的推理需求。Michel（2011,2013）就采用连词指标考察了元素多少变量对荷兰语学习者连词使用情况的影响。

本研究所采用的与连接子句相关的指标有两个，第一个指标是不同发展阶段的连词的使用频率及在受试产出中的使用分布情况（Révész,2011），第二个指标是与研究任务相关的连词的使用频率及在受试产出中的使用分布情况（Michel,2013）。根据 Diessel（2004）的发现，儿童在习得一语的连接句时遵循以下阶段顺序：最开始使用连词"and"，然后是"but""because"和"so"，最后阶段是"when""if"以及"after""before"等引导时间和让步状语的连词。本研究的目的之一是考察任务复杂度对学习者产出中不同发展阶段连词的使用情况的影响。由于在决定型任务中，受试需要对他们的选择做出阐释，因此，他们的注意力很可能被指向表示原因和条件关系的连词。参考 Michel（2013）的做法，本研究将表示原因和条件关系的连词作为与任务 1 高度相关的语法结构。此外，Choong（2011）发现，需要排序的图片叙述任务比不需要排序的任务对学习者的空间推理和因果推理要求更高。根据这一发现，本研究将表示原因的连词作为与任务 4 高度相关的语法结构。

4.6　实验设计与步骤

本研究为受试内重复测量实验设计，采用组内抵消平衡法平衡不同任务所产生的顺序效应。研究的自变量为任务复杂度，共有简单和复杂两个水平。研究的因变量为受试口语产出句法复杂性、准确性、流利性、词汇多样性与词汇复杂性、连词使用情况，以及受试口语产出心理特征类型。

为了排除受试语言水平对研究结果的影响，研究者将受试随机分为两组，两组受试水平测试成绩无显著差异（$p = 0.421$）。其中，第一组先完成任务 1 的简单任务和任务 4 的复杂任务，再完成对应的复杂任务和简单任务，第二组按相反的顺序分别完成复杂任务或简单任务。表 4.7 呈现了正式研究的实验流程。

表 4.7　正式研究实验流程

组别	第一周	第二周	第三周	第四周
组 1	约会竞猜（简单）	憨豆跳水（复杂）	约会竞猜（复杂）	憨豆跳水（简单）
组 2	约会竞猜（复杂）	憨豆跳水（简单）	约会竞猜（简单）	憨豆跳水（复杂）

任务实施分 4 次进行，共持续 4 周时间。为了避免任务之间的练习效应，受试每次只完成一项口语任务，完成任务后立即填写任务感知问卷。而且，为了尽量减少同一类型任务之间的重复效应，同一任务的不同版本应间隔 2 周时间。受试并不知道第二次要完成的任务跟第一次的任务有关。所有受试均

依次单独完成口语任务,每名受试完成 4 项任务所需时间大约为 40 分钟,每项任务所需时间大约为 10 分钟。研究者从两组受试中随机抽取各 5 名同学作为个案,采用刺激性回想的方法考察他们的产出心理特征。对于这 10 名个案受试,任务产出和刺激性回想的时间平均每次为 30 分钟左右。个案受试与其他受试完成任务的过程基本相同,唯一的不同是在完成任务和问卷后增加了刺激性回想环节。

由于刺激性回想的质量可能受研究者已有经验的影响,10 名个案受试的录音和录像全部由研究者本人完成。而除个案受试之外的录音任务均由研究者本人与另外一名应用语言学博士生共同组织实施。研究者首先对该同学进行了必要的培训,主要介绍任务的实施流程以及需要注意的问题。这些问题主要包括以下方面:① 尽量减轻学习者的焦虑;② 任务所需材料的发放顺序;③ 录音设备的使用;④ 任务过程中可能遇到的其他问题的应对策略。每次任务实施遵循以下步骤:

(1)研究者首先与受试简单交谈,内容主要是关于学校生活等日常交流。这样做的目的是尽量地缓解受试因录音造成的焦虑。然后,研究者向受试介绍研究的目的,并说明任务的实施流程,告知他们任务产出将会被录音或录像。

(2)研究者向受试发放任务指令供受试认真阅读(详见附录 1),同时告知受试,如对将要完成的任务有不清楚的地方,可以在任务开始前向研究者询问。

(3)研究者向受试重复任务指令,并确认受试能够按要求进行任务产出。此时,如果受试有任何关于任务产出的问题,研究者及时做出解释和说明。

(4)在确认受试明确任务要求后,研究者向受试发放任务图片并开始计时。受试被要求在 2 分钟后开始任务产出,研究者对任务产出过程进行录音或录像。对于选取的个案受试,研究者在他们产出结束后向其展示录像视频并要求受试一边观看视频一边对产出时的心理活动进行回想,研究者对受试回想的全过程进行录音。

(5)在完成对受试任务产出的录音(或录像)后,受试填写任务感知问卷,研究者收回问卷。

4.7　数据的整理与分析

在数据收集之前,研究者向所有受试承诺录音和视频仅用于研究,不会公开,从而减轻了他们的焦虑。本研究中的数据主要来自口语任务产出录音(录像)和刺激性回想录音。为避免外界因素的干扰,录音和录像全部在安静的场所进行。数据的整理共持续 4 周时间,研究者使用录音笔对受试口语产出和回想进行录音,使用 MacBook 自带程序 QuickTime player 进行录像,对录音文件使用 Soundscriber 进行了转写。录音文件全部由英语专业研究生转写,研究者本人对转写后的文本逐一进行了校对。经过转写后,共获得 136 篇口语任务录音文本 ① 和 40 篇刺激性回想录音文本。

任务产出的录音转写如实记录受试的产出内容,包含重复、停顿和自我修正等。短暂停顿(0.5 秒以内)以 "…" 表示,长时停顿(0.5 秒以上)以 "……" 表示,填充停顿记录为 "um" "uh" 等。下面为录音文本的转写示例:

Um, William, um, after um after reading the materials um of the participants uh in this program I think Peter and Susan may be more likely to um make ma- make a match uh because they have many things in common. Um firstly, their age is similar and Susan is a little uh younger than Peter. Um um second, uh they both they are they are both um outgoing, for Susan um for Susan's hobby is travelling, Um while Peter likes cooking. Uh they both um …… they um …… they both like um …… for music they bo- Peter like um Peter likes metal and Susan uh likes rock. Um the two style of the music the two styles of music is um very um similar and they both um do sports very often. Um …… um last but not least, uh they they um they both are smokers, um and it's not hea- but it's not a heavy smo- but are not heavy smokers. Um …… Considering um James um he likes reading and seems more uh …… and seems more uh …… seems more shy and do not ah does not like going out. So he may be

---

① 有 2 名受试由于个人原因未能完成全部的 4 次口语任务,在转写时剔除了这 2 名受试的录音文本,因此最后获得 136 篇录音文本。

not fitting um to um the other three people uh to the other to the other two girls, because I think Susan and Mary are both uh outgoing and uh like likes going out.（T1S10）

在完成录音文本的转写之后,研究者及其他转写人员对这些文本逐一进行了清洁处理,去掉了重复、停顿和自我修正等非流利特征。上述示例文本清洁处理之后如下:

William, after reading the materials of the participants in this program I think Peter and Susan may be more likely to make a match because they have many things in common. Firstly, their age is similar and Susan is a little younger than Peter. Second, they are both outgoing, for Susan's hobby is travelling, while Peter likes cooking. For music Peter likes metal and Susan likes rock. The two style of the music is very similar and they both do sports very often. Last but not least, both are smokers, but are not heavy smokers. Considering James likes reading and seems more shy and does not like going out. So he may be not fitting to the other two girls, because I think Susan and Mary are both outgoing and likes going out.（T1S10）

依据先导研究中所制定的标准,研究者与另外 2 名应用语言学博士生对随机抽选的 10 篇口语任务录音文本分别进行了标注,并分别计算出本研究所采用的衡量指标。由于本研究中的词汇多样性和词汇复杂性可分别使 D-Tools 和 P-Lex 程序计算,因此 3 名成员主要对 AS 单位、子句、从句以及错误等进行了标注,并计算句法复杂性和语言准确性。3 名切分者在上述指标的间信度均达到 0.9 左右。对于上述指标计算结果不一致的地方,3 名成员进行了进一步的讨论,直到最后意见达成一致。最后,研究者本人及其他 2 名切分者分配完成了对剩余文本的切分以及指标的统计。

由于所有受试刺激性回想的语言为汉语,转写也采用汉语。转写者如实记录受试回忆的全部内容。刺激性回想的目的是考察受试任务产出时的心理活动特征,因此,研究者对刺激性回想录音采用宽式转写的方法,而不必像转写任务产出录音那样详细和具体。转写示例如下：

（1）*I think Mary and James are fit for each other, because you can see um their their age are similar and they don't like smoking.*

这里开始想说他们年纪相仿，年纪相仿有点忘了怎么说，开始 similar 这个单词没想起来。

（2）*If Mary Mary with Peter, ……*

我想说她俩如果和 Peter 配对，但是配对这个词我不会说，我就用了 with。

（3）*So you can see they are not fit. And Susan um he um he also like sports she also like sports.*

这儿我想说他们俩在运动方面不很相配，找不到词了，觉得不太好说。

（4）*and she sometimes smoke smokes.*

这里我想说她会吸烟，就是在 smoke 这个词的形式上面有些纠结。

（5）*Um Susan um not don't like read. She little read book.*

这个地方我想说 Susan 很少读书，但是想不起该怎么说，使用 don't read 还是用 read little，在想到底该用肯定句型还是否定句型。

研究者对刺激性回想的录音文本也进行了统一的归类标注和数量统计。心理特征的鉴别和归类以 Levelt 的言语产出模型为基本框架。首先，根据受试心理特征的时间先后分为发音前和发音后两大类。然后，将心理特征归为关于内容还是关于形式。在确定关于内容还是形式之后，又可以根据具体的特点对心理特征进行细分。对学习者产出心理特征的大致归类（如关于内容还是关于形式）较容易判断，但是更为精细的分类则有时不容易确定。因此，为了确保统计结果的信度，研究者邀请另外一名英语专业教师一起以 Levelt 的框架为基础，采用先导研究的标准对随机选取的 10 篇刺激性回想文本进行了标注、归类和计算。该教师为应用语言学博士，具有丰富的质性研究经验，擅长质性数据的处理加工。研究者与该教师在独立标注完成后进行了比对，对双方不一致的地方进行了讨论，直到意见完全一致。最后，研究者本人对其他所有的刺激性回想文本进行了标注和统计。

本研究对受试刺激性回想文本的标注如表 4.8 所示。

表 4.8　受试刺激性回想文本标注示例

序号	产出语句	心理活动	类型标注
1	I uh … I reco- um I uh … I advise you to choose Sony, because Nokia is the old brand.	我忘记"推荐"怎么说了,所以就改用了 advise 这个词。	pre-fm-how-voc
2	And … the last one is Sony, I think it's the best, because the Japanese factory … uh is uh good at to good at making cell phone.	我想表达日本厂家在制造电子产品方面是非常在行的,我在想该怎么表达。	pre-co-how-dis
3	Uh, I think the first man Peter um will like the woman named Janet, uh because uh they all uh they have uh … they have uh same music liking.	当时我想说他们的年龄搭配虽然不太符合中国的观念,但是年龄相近,我在想年龄相近要怎么讲。	pre-fm-how-dis
4	Um the the gray was very um the gray was very um worried and pretend he was he he was found hi- he was finding his um pen.	我当时在想那个"羞愧"shy,但是我又觉得 shy 表达更多的是害羞的意思,然后我觉得用这个词不太好,他又不是害羞,应该是羞愧,所以我就说他应该会很着急吧,至少有种着急的情绪,所以我就用了 worried。	pre-fm-ac-voc

注:pre:发音前(pre-articulation);fm:形式(form);how:如何表达;voc:词汇(vocabulary);co:内容(content);dis:话语(discourse);ac:准确性(accuracy)。

为了回答所提出的研究问题,研究者采用了不同的数据分析方法。针对第一个研究问题,研究的因变量为受试口语产出复杂性、准确性、流利性和连词使用等指标。所有因变量均经过 Shapiro-Wilk 正态分布检验,符合正态分布则进行配对样本 T 检验,不符合正态分布则使用 Wilcoxon 符号秩检验[①]。根据数据特征对具体性指标连词的频率和次数分别进行采用 Wilcoxon 符号秩检验或卡方检验。针对第二个研究问题,研究者首先对受试的心理特征进行

---

① Wilcoxon 符号秩检验属于非参数统计的一种,它适用于 T 检验中的成对比较,但并不要求成对数据之差服从正态分布,只要求对称分布即可。该法是非参数统计中符号检验法的改进,不但利用了正、负符号,还利用了数值本身大小所包含的信息,所以效率比符号检验法更高。对于两配对样本的非参数检验,首选 Wilcoxon 符号秩检验。该法与配对样本 T 检验相对应。

质性分析,依据 Levelt 的口语产出模型进行归类,计算出受试具体心理特征类型的数量,并采用卡方检验得出结果。针对第三个研究问题,研究者对学习者产出心理特征类型特点进行了细致分析,并结合相关研究与理论阐释受试心理特征与产出结果的关系。所有的定量统计分析都用 SPSS 20.0 进行。

4.8　本章小结

鉴于先导研究的重要作用,本章首先报告了先导研究的实验设计与结果。先导研究达到了预期的目的,为实施正式研究奠定了良好的基础。因此,本章紧接着呈现了正式研究的实验设计,主要包括研究问题、研究受试、研究工具、产出衡量指标以及实验步骤。本章最后详细地介绍了数据的整理与分析方法。本书将在下一章呈现研究结果。

第 5 章
研究结果

本章为研究结果部分,主要从两个方面呈现正式研究的结果。第一部分报告元素多少变量控制下任务复杂度对受试口语产出的影响,第二部分报告推理需求变量控制下的任务复杂度对受试口语产出的影响。在上面两部分中,研究者首先呈现受试在句法复杂性、准确性、流利性、词汇使用以及连词使用等指标的研究结果,然后呈现了关于受试产出过程考察的结果,最后汇报口语产出心理过程与产出结果之间的关系。本章最后简单总结了元素多少变量和推理需求变量对受试产出的影响。

5.1 元素多少变量控制下的任务复杂度对受试口语产出的影响

本节主要报告因素变量控制下任务复杂度对受试口语产出的影响,共分三个部分,对应回答研究提出的三个问题。其中,第一部分报告任务复杂度对受试口语产出结果的影响,主要表现为产出句法复杂性、准确性、流利性、词汇使用以及连词使用情况四个方面。第二部分主要呈现任务复杂度对受试口语产出过程的影响。第三部分探讨受试产出过程与产出结果的关系。

5.1.1 任务复杂度对受试口语产出结果的影响

本研究采用整体性指标与具体性指标相结合的方式衡量受试口语产出结果。整体性指标主要指受试产出句法复杂性、准确性、词汇使用和流利性四个方面,具体性指标主要指连词的使用情况。由于 2 名受试因个人原因未能完成全部的口语任务,本研究在数据整理时剔除了这 2 名受试的录音文本,因此,有效样本 34 人。下面将首先呈现受试在任务产出中整体性指标的表现,继而呈现他(她)们的连词使用情况。

5.1.1.1 整体性产出指标

本研究中的句法复杂性包括 AS 单位内子句数、AS 单位均长以及从句子句比共三项指标;准确性包括无错子句比和每百词错误数两项指标;词汇使用指词汇多样性和词汇复杂性,分别使用 D 值和 Lambda 值衡量;流利性采用语速指标衡量。研究者首先对上述指标所得到的数据进行了描述性统计分析,以便大致地了解受试在简单任务和复杂任务中的产出结果情况。

表 5.1 呈现了受试在任务 1 的简单版本和复杂版本中口语产出整体性指标的描述性统计结果。

表 5.1　受试在任务 1 产出中的整体性指标描述性统计结果

指标		最小值	最大值	均值	标准差
		简单/复杂	简单/复杂	简单/复杂	简单/复杂
复杂性	AS 单位内子句数	1.08/1.23	1.92/2.25	1.50/1.58	0.23/0.25
	AS 单位均长	5.46/5.50	10.92/14.41	8.26/8.82	1.33/2.02
	从句子句比	0.07/0.12	0.46/0.47	0.27/0.28	0.09/0.08
准确性	无错子句比	0.20/0.38	0.85/0.91	0.57/0.60	0.17/0.14
	每百词错误数	2.60/2.25	20.83/16.50	8.99/8.41	3.84/3.89
词汇	D	25.90/23.90	73.20/77.90	47.72/46.85	12.42/12.77
	Lambda	0.30/0.21	0.93/1.15	0.63/0.63	0.19/0.22
流利性	语速	0.38/0.32	1.70/1.87	1.05/1.11	0.29/0.33

上表呈现以下几个特点。① 整体而言,受试在复杂任务中的句法复杂性、准确性和流利性三方面的均值略高于他(她)们在简单任务中的对应值。相反,受试在复杂任务产出中的词汇多样性和词汇复杂性两个指标的均值低于简单任务产出中的对应值。② 无论是在简单任务还是在复杂任务中,受试之间在四个产出维度均表现出较大差异。例如,每百词错误数最大值和最小值相差 18 个词之多。在流利性方面,受试产出的最快语速和最慢语速相差 2 个词,换言之,每分钟相差单词数约有 120 个。③ 在简单任务和复杂任务中,受试每个指标的变化不大。受试在复杂任务中的句法复杂性、准确性以及词汇复

杂性指标得分范围缩小,而在词汇多样性和流利性指标得分范围增大。

为了进一步考察受试在简单任务和复杂任务中的表现是否具有统计意义上的显著差异,研究者对表5.1中八项指标的具体成绩进行了推断性统计分析。Shapiro-Wilk正态分布检验结果显示除AS单位内子句数(复杂任务)之外,其他变量均呈正态分布。对于在两次任务中均符合正态分布的指标,研究者采用配对样本T检验考察学习者在两次任务产出中各项指标的差异。对于不符合正态分布的指标,研究者采用Wilcoxon符号秩检验考察学习者在两次任务产出中的差异。检验结果表明,学习者在两次任务产出中的AS单位内子句数没有显著差异($Z = -1.75, p = 0.08$)。表5.2汇总了配对样本T检验的结果。

表5.2　受试在任务1产出中的整体性指标配对样本T检验结果

指标	均值	标准差	T值	自由度	双侧显著性
AS单位均长(简单-复杂)	−0.56	1.59	−2.06	33	0.05
从句子句比(简单-复杂)	0.00	0.10	−0.25	33	0.80
无错子句比(简单-复杂)	−0.03	0.12	−1.52	33	0.14
每百词错误数(简单-复杂)	0.58	3.13	1.08	33	0.29
词汇多样性(简单-复杂)	0.87	11.98	0.42	33	0.67
词汇复杂性(简单-复杂)	0.00	0.27	0.09	33	0.93
语速(简单-复杂)	−0.06	0.15	−2.33	33	0.03

由表5.2可以看出,受试在简单任务和复杂任务产出中的准确性及词汇使用方面的表现均不具有统计意义上的显著差异($p > 0.05$)。换言之,以元素多少为变量控制下的任务复杂度对受试语言准确性、词汇多样性和复杂性没有显著性的影响。在所有的指标之中,受试在两次任务产出中的AS单位均长和流利性指标(语速)之间的差异具有显著性($p = 0.05$和$p = 0.03$)。虽然在其他指标上受试在简单任务产出和复杂任务产出中没有显著差异,但是我们仍然可以通过均值比较看出任务复杂度对他(她)们产出的具体影响。均值比较结果显示:① 受试在复杂任务中产出的句法复杂性略高,尤其是在AS单位均长指标这一上($p = 0.05$);② 受试在简单任务和复杂任务中的产出准确性相差不大,每百词错误数相差仅为0.58;③ 受试在简单任务和复杂任务中

的词汇表现基本相当,相比之下,在复杂任务中的词汇多样性和复杂性略有降低。

5.1.1.2 具体性产出指标(连词)

为了更清楚全面地考察任务复杂度对受试语言产出的效应,本研究除了采用整体性指标,还采用了具体性指标衡量语言产出结果。基于已有的研究发现,本研究将连词的使用频率和分布情况作为考察指标。具体而言,本研究一方面考察任务复杂度是否会影响受试使用不同阶段连词的频率与分布,另一方面考察任务复杂度是否会影响与元素多少这一变量所涉及的任务相关连词的使用频率与分布。本研究考察的具体连词包括"and""but""so""because""when""if"等。其中,"so""because""if"被视为与口语产出任务高度相关的连词。研究旨在考察受试在复杂任务中是否使用了更多高级阶段的连词,以及是否使用了更多与任务相关的具体连词。

表 5.3 呈现了受试在简单任务和复杂任务中具体连词的使用频率与人数分布情况[①]。

表 5.3　受试在任务 1 产出中的连词使用情况描述性统计结果

频率	and 均值/标准差	but 均值/标准差	so 均值/标准差	because 均值/标准差	when 均值/标准差	if 均值/标准差
简单任务	4.29/1.99	0.91/0.76	1.65/1.31	0.82/0.62	0.05/0.19	0.31/0.46
复杂任务	4.18/1.94	0.92/0.93	1.33/1.11	0.74/0.71	0.15/0.32	0.19/0.35
分布	受试数量 /%	受试数量 /%	受试数量 /%	受试数量 /%	受试数量 /%	受试数量 /%
简单任务	34/100%	26/76.5%	28/82.4%	27/79.4%	3/8.8%	12/35.3%
复杂任务	33/97%	23/67.6%	30/88.2%	23/67.6%	7/20.6%	9/26.5%

表 5.3 显示,① 在连词使用频率方面,受试无论是在简单任务还是在复杂任务中使用高级阶段的连词越来越少,其中使用连词"and"的频率最高;② 整体而言,受试在复杂任务中使用除连词"but"和"when"之外其他连词的频率更低,即使是被认为与任务高度相关的"so""because"以及"if"三个连词,受试在复杂任务中的使用频率也更低;③ 受试在简单任务和复杂任务

① 使用频率指受试每百词使用的连词次数,人数分布指至少使用一次某一连词的受试数量。

中使用连词的人数分布情况差别不大,多数受试使用较多较低阶段的连词,而很少使用高级阶段的连词,其中使用最普遍的连词是"and"和"so";④ 在复杂任务产出中,除连词"when"和"so"之外,受试使用其他连词的人数均少于在简单任务产出中的人数。

为了进一步考察受试在上述连词的使用频率是否具有显著差异,研究者进行了推断性统计分析。正态分布检验结果表明仅有连词"and"和"because"(简单任务)的使用频率呈正态分布,其余连词的使用频率均呈非正态分布。因此,根据正态分布检验的结果以及数据的性质特点,研究者分别进行了配对样本 T 检验及 Wilcoxon 符号秩检验考察受试在上述连词使用频率的差异性。配对样本 T 检验及 Wilcoxon 秩检验表明受试在简单任务和复杂任务中的连词使用频率均不具有统计意义上的显著差异。卡方检验结果同样表明,受试在简单任务和复杂任务中关于以上六个连词的使用分布没有显著性差异。简言之,从连词的使用频率和人数分布情况来看,任务复杂度对受试连词使用的影响不大。

5.1.2　任务复杂度对受试口语产出过程的影响

为了考察任务复杂度对学习者口语产出过程的影响,本研究随机抽取了10 名个案受试,通过刺激性回想的方式探究他(她)们任务产出时的心理特征。本研究采用定性分析和定量分析相结合的方式考察学习者口语产出过程。定性分析的目的在于发现受试口语产出主要有哪些心理特征,定量分析旨在发现受试在简单任务和复杂任务中的心理特征分布是否具有差异。

以 Levelt 的言语产出模型为基本框架,研究者对刺激性回想的录音文本按表 4.8 的形式进行了统一的归类标注。本研究除了将受试心理特征分为三个阶段之外,还参考了马冬梅(2013)的分类,将受试心理特征分为与言语加工有关和与言语监控有关两大类。言语加工指说话者从准备言语计划、实现言语计划到产出话语的过程,包含内容加工和形式加工。言语监控指说话者对其正在产出的话语内容或言语形式的监控。言语监控包括发音前监控和发音后监控。根据 Levelt 的模型,说话者在言语产出过程中进行三轮监控。第一轮监控发生于言语形成之前,用于检查概念器输出的言语信息是否符合说话者的最初意图;第二轮监控发生于发音阶段之前,用于检查言语形式;第三轮监控发生于发音之后,用于检查言语内容和形式。

通过对受试在两次任务产出中刺激性回想文本的标注和归类,研究最后得出如表 5.4 所示的 14 类心理特征。

表 5.4　受试在任务 1 产出中的心理特征汇总

类型				
言语产出心理特征	发音前心理活动	概念器	内容加工	内容搜索
				内容组织
			内容监控	内容恰当性
		形成器	形式加工	话语表达
				词汇表达
				语法/句型表达
			形式监控	词汇准确性
				语法/句型准确性
				词汇恰当性
	发音后心理活动	言语理解系统	内容监控	内容组织
				内容恰当性
			形式监控	词汇准确性
				语法/句型准确性
				词汇恰当性

根据 Levelt 的言语产出模型,首先将受试心理特征分为发音前和发音后两大类。发音前心理活动是说话者关于说出话语之前的心理活动,主要涉及对言语内容和形式两个方面的搜索、选择和评价等。关于内容的发音前心理活动和 Levelt 的概念器工作机制基本一致。在 Levelt 的产出模型中,说话者在概念器中制订宏观和微观言语计划。内容搜索和组织对应于 Levelt 模型中的宏观和微观计划,而关于内容恰当性的心理机制反映监控机制对语前信息的监控,即 Levelt 模型的第一轮监控。

与内容有关的发音前心理活动分为三种情况:① 内容搜索,此时说话者脑海中关于话题暂时无话可说或正在尽力搜索要说的内容;② 内容组织,说话者此时已有话语内容但在考虑如何组织现有内容;③ 内容恰当性,此时说话者在权衡已有话语内容的合适性。以下为上述三种特征的示例:

● **内容搜索**

（1）*Peter uh like like metal music metal music, Susan like rock music. ……*

受试回想：不知道该说什么好了，我觉得都说得差不多了，在想该再说点儿什么。

● **内容组织**

（2）*The … um the first reason is … the age uh … James is twenty-two years old. Mary is twenty-three years old.*

受试回想：我想说他们的年龄相似，the age of them is similar，但我怕时间不够，所以就分开说他们的年龄，这样可以说得更长一点。

● **内容恰当性**

（3）*And Peter um his age is twenty years old. … and he like smoking sometimes.*

受试回想：我本来想说 Peter 比 Mary 年龄大，所以他们不合适，但又觉得其实只大一岁，应该也没什么，所以就没接着说。

关于形式的发音前心理特征基本与 Levelt 模型中的形成器工作机制一致，包括形式加工和形式监控两类。与形式有关的发音前心理活动分为三种情况。第一种情况为"如何表达"，包含三个具体方面：① 话语表达，此时说话者不知如何用二语表达，或正在思考如何用二语表达大于单词或短语层面的内容；② 词汇表达，此时说话者不知道或想不起与某个概念相对应的二语单词；③ 语法/句型表达，说话者不知道或正在考虑用哪种二语句型或语法形式表达已有内容。以下为具体示例：

● **话语表达**

（4）*And … the last one is Sony, I think it's the best, because the Japanese factory … uh is uh good at to good at making cell phone.*

受试回想：我想表达日本厂家在制造电子产品方面是非常在行的，我在想该怎么去表达。

● **词语表达**

（5）*I uh … I reco- um I uh … I advise you to choose Sony, because*

Nokia is the old brand.

受试回想：我忘记"推荐"怎么说了，所以就改用了 advise 这个词。

● 语法 / 句型表达

（6）*Um Susan um not don't like read. She little read book.*

受试回想：这个地方我想说 Susan 很少读书，但是想不起该怎么说，使用 don't read 还是用 read little，在想到底该用肯定句型还是否定句型。

第二种情况为"形式准确性"，指学习者对二语形式的准确性不确定，主要包括两小类：① 词汇准确性，指学习者不确定某个二语单词的使用是否准确；② 语法/句型准确性，指学习者不确定某个二语语法形式或句型结构的使用是否正确。例如：

● 词汇准确性

（7）*And they both like rock they both like sporting sports.*

受试回想：当时不是很确定"运动"这个词该用 sporting 还是 sports。

● 语法 / 句型准确性

（8）*Uh … of course they are they are not they are not same kind of music*

受试回想：我想说他们不是同一种音乐，就在考虑该不该加冠词 the。

第三种情况为"形式恰当性"，指的是学习者对二语形式的恰当性不确定，也包括两小类：① 词汇恰当性，即学习者不能确定某个二语词汇的使用是否恰当；② 语法/句型恰当性，即学习者不能确定某个二语语法形式或句型是否恰当。具体示例如下：

● 词汇恰当性

（9）*But I think um the the age is um the age is don't um ……*

受试回想：我想说只要他们的年龄差不多就可以了，但是老是感觉"差不多"这个词说得不大对,所以在这里有点不敢说了。

发音后心理特征指说话者针对已产出的话语活动的心理活动,也包括言语内容和形式两个方面。关于内容的发音后心理特征主要有内容组织和内容恰当性两种,内容组织指说话者心理活动围绕已产出话语内容的条理性或结构性,内容恰当性指学习者发现已产出的话语内容恰当性不够理想。关于形式的心理特征主要有词汇准确性、语法/句型准确性和词汇恰当性,即说话者发现已产出话语的词汇、语法等不够准确或恰当。例如:

● 内容组织

(10) *because James like reading books but and Mary like watching movies.*

受试回想:他们俩本来喜欢的东西是不同的,但是我考虑到要是说他们俩在一起就该说一些相同的方面,所以就改了。

● 内容恰当性

(11) *so I think uh … they might uh have … uh they might become … good friends.*

受试回想:我想说他们会有一个很好的约会,但是意识到前面说过一次了,所以就想还是换一种方式吧。

● 词汇准确性

(12) *the most important point is that Peter and Susan are likely are like like to smoke like smoking sometimes.*

受试回想:likely 不对,应该是喜欢 like。

● 语法 / 句型准确性

(13) *And Peter like read like reading newspaper.*

受试回想:说完之后我想到了 like 后面应该接 doing 形式。

● 词汇恰当性

(14) *My opinion is I think Mary and Peter would be friends.*

受试回想:我在说完之后意识到 opinion 这个词前面刚刚用过了,我觉得这有些重复,所以我就换了另一个词。

　　在对受试的刺激性回想文本进行定性分析之后,研究者对受试在任务产出中的心理特征进行了统计。研究者统计了受试在简单任务和复杂任务中各个类型的心理特征数量,并计算出每一类型占总数的比例。

　　表 5.5 汇总了受试在任务 1 简单版本和复杂版本产出时的心理特征数量以及具体类型的分布情况。

表 5.5　个案受试在简单任务和复杂任务产出中的心理特征分布

类型				数量	
				简单	复杂
言语产出心理特征	发音前心理活动	关于内容（概念器）	内容加工	内容搜索	11/19.64%	6/9.52%
				内容组织	3/5.36%	6/9.52%
			内容监控	内容恰当性	1/1.79%	0
		概念器阶段小计		15/26.79%	12/19.05%
		关于形式（形成器）	形式加工	话语表达	16/28.57%	9/14.29%
				词汇表达	14/25%	21/33.33%
				语法/句型表达	1/1.79%	0
			形式监控	词汇准确性	0	4/6.35%
				语法/句型准确性	3/5.36%	3/4.76%
				词汇恰当性	0	1/1.59%
		形成器阶段小计		34/60.71%	38/60.32%
	发音后心理活动	言语理解系统	内容监控	内容组织	1/1.79%	0
				内容恰当性	0	2/3.17%
			形式监控	词汇准确性	2/3.57%	1/1.59%
				语法/句型准确性	3/5.36%	10/15.83%
				词汇恰当性	1/1.79%	0
		言语理解系统阶段小计		7/12.5%	13/20.63%
总计				56	63

　　表 5.5 显示出以下主要特点:① 受试在简单任务和复杂任务产出中的心理特征总数量基本相当,在复杂任务产出中的心理特征数量略高于简单任务产出中的数量;② 受试在简单任务和复杂任务中主要的心理活动特征表现在语言形式的加工,包括话语表达和词汇表达;③ 在复杂任务中,受试在发音前

关于内容加工的心理特征与简单任务产出中的数量基本持平,复杂任务产出中关于词汇表达的心理特征增多,关于话语表达的心理特征减少;④ 受试在复杂任务产出中对语言形式的监控多于简单任务产出,尤其是发音后的形式监控,主要体现在对于语法准确性的监控。

根据发音前后以及内容、形式的不同,受试心理特征可以合并为六大类,图 5.1 更加直观地呈现了受试在两次任务产出中六类特征的不同。该图反映出的一个整体变化趋势是:受试在简单任务中关于内容加工和形式加工的心理特征比例更高,而受试在复杂任务中关于发音前形式监控和发音后形式监控的心理特征则更多。换言之,受试在简单任务中更多的心理特征与加工有关,而在复杂任务中更多的心理特征与监控有关。

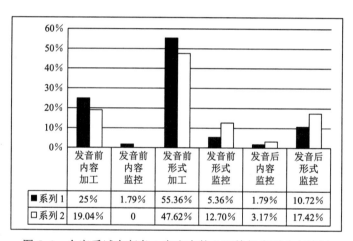

图 5.1 个案受试在任务 1 产出中的心理特征类型分布情况

虽然受试的两次任务产出中的心理活动特征总数量相差不大,但是从表5.5 中的具体数值可以清楚地看出在某些特定的特征上,两次任务产出的分布比例差别较大。例如,受试在简单任务中关于内容搜索特征数量更高,受试简单任务中的发音后形式监控仅有 6 次,而在复杂任务中达到 11 次,对语法/句型准确性的监控则更为明显。为了进一步考察受试在两次任务产出中具体心理特征数量是否存在差异,研究者进行了卡方检验。卡方检验结果表明,学习者在言语产出三个阶段的总体特征分布没有显著性差异($\chi^2 = 1.951$,$df = 2$,$p = 0.377$),学习者发音前关于话语表达和词汇表达的心理特征分布接近显著差异($\chi^2 = 3.360$,$df = 1$,$p = 0.067$)。

5.1.3 口语产出心理特征与产出结果的关系

本小节将首先呈现个案受试在简单任务和复杂任务的口语产出结果,然后详细考察受试口语产出时心理特征的具体特点,结合口语产出指标表现的具体变化,发现受试心理特征与其产出结果的关系。

表 5.6 呈现了 10 名个案受试在简单任务和复杂任务中四个产出维度共八项指标的描述性统计结果。

表 5.6　个案受试在任务 1 中的产出整体性指标描述性统计结果

	指标	均值	标准差
		简单/复杂	简单/复杂
复杂性	AS 单位内子句数 AS 单位均长 从句子句比	1.45/1.49 7.64/7.86 0.26/0.28	0.20/0.18 1.09/1.44 0.08/0.08
准确性	无错子句比 每百词错误数	0.42/0.51 12.64/11.49	0.12/0.08 3.68/3.70
词汇	D Lambda	42.1/38.58 0.74/0.62	12.18/8.77 0.26/0.21
流利性	语速	0.86/0.91	0.28/0.34

描述性统计结果显示,10 名个案受试在简单任务和复杂任务产出中的句法复杂性相差不大,复杂任务中的句法复杂性略高于简单任务中的对应值,受试在复杂任务产出中语言准确性有小幅度的提高,词汇多样性和复杂性降低,语言流利性略有提高。个案受试在简单任务和复杂任务的产出结果变化趋势与 34 名受试总体的产出变化趋势一致。为了进一步考察个案学习者在简单任务和复杂任务中的表现是否具有显著性差异,研究者进行了推断性统计分析。Wilcoxon 检验的结果显示,在八项指标中,仅无错子句比这项指标具有统计意义的显著差异($Z = -2.191, p = 0.028$)。这说明,任务复杂度对 10 名个案受试的句法复杂性、词汇使用以及流利性影响不显著,对学习者语言准确性影响显著。换言之,个案受试在复杂任务产出中语言准确性更高。

表 5.5 清楚地呈现了 10 名个案受试在完成简单任务和复杂任务时的心理活动特征。为了进一步探索心理特征与任务表现的具体关系,研究者对每

一类型的心理特征的特点进行了深入的考察。首先,就概念器阶段而言,受试在简单任务中的心理特征比复杂任务中更多。尤其是,受试在复杂任务中关于内容搜索的心理特征所占比例远低于简单任务中的比例。受试在概念器阶段的心理特征主要表现为内容搜索和内容组织,而进一步的考察发现,内容搜索与组织通常会很大程度地降低学习者产出的流利性,主要表现为受试话语重复或长时间的停顿。例如:

（15）*And and I think they all are and they all quiet.*（T1S01）

受试回想:这儿我就想再找一找他俩的共同点,一个喜欢看书,另一个喜欢看电影,就是都是挺静的那种爱好,就是在想该怎么说。

（16）*They all like staying at home. um and … in music … um … hip-pop and classic is different music style.*（T1S02）

受试回想:我觉得我说的就跟记流水账似的,我就想着再补充一点,多说一点他们的共同点,但是想了好久也没想到该说什么。

（17）*…… uh and Mary read many read many books, Peter read newspaper.*（T1S03）

受试回想:我在这个地方停顿还是在想下面该讲什么内容。

（18）*because they no smoking and uh … and … and … sport sport sometimes.*（T1S08）

受试回想:我在找他们在其他哪些方面还有不适合的地方,在考虑下面要说的内容。

受试发音前关于形式加工的心理特征数量相当,但他们在简单任务和复杂任务中关于话语表达和词汇表达的心理特征差别较大。在简单任务中,学习者关于话语表达的心理特征较多,而在复杂任务中,学习者关于词汇表达的心理特征较多。这两类的心理特征较为复杂,整体而言,无论是学习者在思考如何表达话语还是词汇,他们产出的流利性都会受到影响。例如:

（19）*um Peter Peter like mental music, um so he may be a um … he may be a outgoing boy.*（T1S05）

受试回想:因为 Peter 喜欢金属音乐,我觉得他应该是那种比较个性的男孩,这个地方我当时就想表达"个性的"这个意思,但是不会说这个词。

（20）*at first we see the age, they are uh … they are uh the Peter is twenty-four years old and Susan is twenty-three years old.*（T1C01）

受试回想:我想说他们两个年龄相仿,但是我不会说"相仿"这个词,所以就停顿了一下,之后我就分别说了他们两个的年龄。

（21）*Uh … the music they like uh are all uh …… uh are all uh …… are the same uh … are the same type.*（T1C03）

受试回想:想说他们俩喜欢的音乐都是属于什么类型的,但是没有想到合适的形容词,最后就说了都属于同一类型的。

（22）*um I will … I will tell you which which which partici um … which one I would like to choose.*（T1C05）

受试回想:单词不会,我想说哪个"参赛者",我记得有这样一个词,但是不太会,然后我就想还是别用了,还是换个简单的吧。

以上五例心理特征全部与词汇表达有关。由上述例子可以看出,当受试不知道或想不起某个词的表达时,他(她)们首先会停顿努力回想与一语词汇对应的二语词汇,但这种努力常常不能够成功。这使得受试因词汇表达产生大量的停顿现象或话语重复和修正现象,从而降低了语言产出的流利性。比如,在例子（20）中,该名受试为了搜寻合适的形容词修饰"music"一词在短短的一句话中出现了三次停顿,其中包括两次长时间停顿。此外,这句话还含有话语的重复和修正。同样地,在例子（21）中,该名受试在经过数次的停顿与重复后始终没有回想起对应的二语词汇,最后不得不转向另一种表达方式。这些停顿和重复等现象在很大程度上降低了受试产出的流利性。

除了对流利性的影响,学习者关于话语表达或词汇表达的心理活动对词汇使用和语言准确性也会产生影响。学习者关于词汇表达的心理活动通常找不到某个对应的目的语词汇,这时他们常采用的策略主要有替换、尝试或放弃。例如:

（23）*They don't … uh they both … uh … the … they both like uh … many kinds of books.*（T1C04）

受试回想:我想说他们对书的种类都不挑剔,但是"挑剔"这个词不会说,所以我就说了他们都喜欢很多的书。

（24）*Um I will … I will tell you which which which partici um … which one I would like to choose.*（T1C05）

受试回想:单词不会,我想说哪个"参赛者",我记得有这样一个词,但是不太会,然后我就想还是别用了,还是换个简单的吧。

（25）*They they all like um …… Susan like …… read books and Martin also like read books.*（T1C02）

受试回想:这儿我本来想说他俩在音乐方面爱好差不多,就是都有点重口味的感觉。但是我不知道该怎么说,找不到词去描述,所以就换了一种表达的方式,就一个一个地说。

以上例子说明,学习者在遇到词汇表达的困难时,常用的策略之一就是使用较为简单的语言形式替换,因此,这类心理特征的增加通常不会提高学习者的词汇复杂性。此外,学习者在话语表达或词汇表达有困难时,有时会放弃目的语形式而继续当前的口语产出,或者会暂时使用本身拿不准的语言形式,而这通常会导致错误产生,继而降低语言的准确性。例如:

（26）*Um I think I think James and Mary uh is … I think James and Mary.*（T1C10）

受试回想:我觉得 James 和 Mary 是所有选手里面最可能配对成功的,但是我不知道"配对"该怎么说,所以就只说了 I think James and Mary。

（27）*So I think Peter and Mary can have many same same … language.*（T1S06）

受试回想:我想说他们会有很多的共同语言,不知道该怎么表达。

（28）*Uh … uh James can uh …… can help Susan uh …… get uh get up smoke.*（T1C03）

受试回想:我在想"戒烟"这个词该怎么说。

10 名个案受试在简单任务和复杂任务产出中心理特征差别最大的是在

言语理解阶段，尤其是关于形式监控的特征差别最明显。从所占比例来看，受试在复杂任务中发音后对语法准确性的监控几乎为简单任务中的三倍。通过对受试语法监控特征的分析，我们发现受试的语法监控多是由于意识到刚刚产出的话语存在语法错误，从而做出修正。这种话语修正通常会改掉原来的语法错误，从而使产出的话语合乎语法规范。这一点或许能够部分地解释为什么复杂任务产出的准确性高于简单任务产出。以下示例可以很好地说明这一点。

（29）*So I think they may be not stay at each other with each other finally.*（T1S02）

受试回想：说完后我意识到介词使用的不对，所以我马上就改过来了。

（30）*And Peter like read like reading newspaper.*（T1S06）

受试回想：说完之后我想到了 like 后面应该接 doing 形式。

（31）*but James uh … didn't uh doesn't smoke.*（T1C03）

受试回想：时态说错了，就改过来了。

（32）*Susan um … Susan's Susan …… like to smoking like to smoke.*（T1C05）

受试回想：应该是 like to do，而不是 ing 形式，所以我改过来了。

通过以上分析可以看出，受试在任务产出时的心理活动特征与其口语产出表现存在一定的关系：① 无论受试进行语言加工还是语言监控，通常都会降低流利性，而对流利性影响最大的是内容加工和形式加工；② 发音前形式监控通常对受试语言准确性帮助不大，但会降低流利性；③ 与词汇表达和话语表达相关的心理特征很可能会降低受试语言准确性和词汇复杂性；④ 受试在言语理解阶段对语言形式的监控使他（她）们在复杂任务产出中准确性相对更高。上述四点可以较好地解释 10 名个案受试在简单任务和复杂任务产出中语言表现的变化。

5.2 推理需求变量控制下任务复杂度对受试口语产出的影响

本节主要报告推理需求变量控制下任务复杂度对受试口语产出的影响，

同样分三个部分。第一部分报告任务复杂度对受试口语产出结果的影响,包括整体性产出指标和具体性产出指标两个方面,第二部分主要呈现任务复杂度对受试口语产出心理特征的影响,第三部分探究受试产出心理特征与其口语表现的关系。

5.2.1　任务复杂度对受试口语产出结果的影响

由于本研究同样采用整体性指标与具体性指标相结合的方式衡量受试口语产出结果。本节将首先呈现受试在整体性产出指标的表现,然后呈现具体性指标(连词使用频率与分布)的使用情况。

5.2.1.1　整体性产出指标

鉴于本研究所选用的图片来源《憨豆先生》在国内也较有影响,为了避免个别受试看过视频而影响其任务产出结果,研究者要求受试在完成任务 4 之后另外回答与该剧有关的两个问题(见附录 7、8)。问卷结果表明,大部分受试表示没有看过该视频。个别受试虽然看过该视频,但表示对图片所反映的内容没有印象。由于 3 名受试曾经观看过任务 4 的视频片段且熟悉视频内容,因此,本研究剔除了这 3 名受试,最后有效受试共 31 人。

表 5.7 呈现了受试在不同复杂度任务中的口语产出整体性指标描述性统计结果。

表 5.7　受试在任务 4 中的产出整体性指标描述性统计结果

指标		最小值	最大值	均值	标准差
		简单/复杂	简单/复杂	简单/复杂	简单/复杂
复杂性	AS 单位内子句数	1.00/1.00	2.00/2.20	1.41/1.47	0.243/0.26
	AS 单位均长	6.22/5.92	12.93/14.00	9.21/9.42	1.77/1.72
	从句子句比	0.00/0.00	0.36/0.27	0.17/0.16	0.09/0.07
准确性	无错子句比	0.19/0.06	0.86/0.81	0.52/0.53	0.20/0.20
	每百词错误数	1.95/2.96	22.50/20.55	8.91/8.67	4.87/4.27
词汇	D	26.30/21.60	58.7/67.00	37.67/36.47	7.50/10.97
	Lambda	0.55/0.86	2.00/1.95	1.39/1.46	0.32/0.32
流利性	语速	0.34/0.32	1.83/1.71	0.976/0.92	0.35/0.33

表 5.7 显示,无论是在简单任务产出还是在复杂任务产出中,31 名受试在任务产出的八项指标上的表现差别较大。就整体性指标的均值而言,受试

在复杂任务产出中有两项句法复杂性的均值略高于简单任务产出中的对应值,分别为 AS 单位内子句数和 AS 单位均长。此外,两项准确性指标都显示出受试在复杂任务产出中的准确性略高。受试在复杂任务产出中的词汇多样性均值略低于简单任务产出中的对应值,而在复杂任务中的词汇复杂性均值则略有提高。在流利性方面,受试在两次任务产出中的均值非常接近,但在复杂任务产出中的均值略低于简单任务中的对应值,在复杂任务产出中平均每分钟比简单任务产出少三个词。

为了发现受试在两次任务产出中的表现是否具有显著差异,研究者对他(她)们在上述四个维度的具体成绩进行了推断性统计分析。S-W 正态分布检验发现词汇复杂性(复杂任务)和语速(简单任务)不呈正态分布,其余指标均呈正态分布。研究者对在简单任务和复杂任务产出中均呈正态分布的指标进行了配对样本 T 检验,对不呈正态分布的指标进行了 Wilcoxon 符号秩检验。表 5.8 和表 5.9 分别呈现了两种检验的结果。

表 5.8　受试在任务 4 中的产出性指标配对样本 T 检验结果

指标	均值	标准差	T 值	自由度	双侧显著性
AS 单位内子句数(简单-复杂)	−0.06	0.30	−1.13	30	0.27
AS 单位均长(简单-复杂)	−0.21	1.73	−0.68	30	0.50
从句子句比(简单-复杂)	0.00	0.11	0.01	30	0.99
无错子句比(简单-复杂)	−0.01	0.18	−0.24	30	0.81
每百词错误数(简单-复杂)	0.24	3.40	0.39	30	0.70
词汇多样性(简单-复杂)	1.20	10.80	0.62	30	0.54

表 5.9　受试在任务 4 中的产出整体性指标 Wilcoxon 检验结果

	词汇复杂性(复杂-简单)	语速(复杂-简单)
Z	−0.792	−1.480
双侧显著性	0.43	0.14

无论是配对样本 T 检验还是 Wilcoxon 检验结果都表明,31 名受试在简单任务和复杂任务产出中的表现不存在统计意义上的显著差异($p > 0.05$)。换言之,推理需求变量控制下的任务复杂度对受试口语产出句法复杂性、准确性、流利性和词汇使用等指标没有显著影响。

5.2.1.2　具体性产出指标（连词）

基于已有的相关研究（如 Robinson，2005；Choong，2011），本研究仍然将连词的使用情况作为具体的衡量指标。由于任务 4 是故事性的图片叙述任务，与任务 1 相比，受试不需要对他（她）们的决定进行充分的阐释，因此在产出中不大可能使用表示条件关系的连词。与任务 1 产出的具体性指标不同的是，本研究在任务 4 中考察的具体连词为"and""but""so""because""when"以及"after"。其中，"and"是最基础阶段连词，"but""so"和"because"是下一阶段的连词，而"when"和"after"是更高级阶段的连词，"so"和"because"是与任务 4 高度相关的连词。本研究旨在发现受试在两次任务中上述连词使用情况是否具有差异。表 5.10 呈现了受试任务产出中的连词使用频率与人数分布统计结果。

表 5.10　受试在任务 4 产出中的连词使用情况描述性统计结果

频率	and 均值/标准差	but 均值/标准差	so 均值/标准差	because 均值/标准差	when 均值/标准差	after 均值/标准差
简单任务 复杂任务	3.66/1.83 3.93/2.19	1.24/.95 1.29/1.07	1.42/1.63 1.35/1.07	0.05/0.18 0.11/0.23	0.98/0.73 1.19/0.71	0.06/0.18 0.12/0.31
分布	受试数量 /%	受试数量 /%	受试数量 /%	受试数量 /%	受试数量 /%	受试数量 /%
简单任务 复杂任务	31/100% 30/96.8%	26/83.9% 24/77.4%	18/58.1% 23/74.2%	3/9.7% 6/19.4%	25/80.6% 28/90.3%	4/12.9% 5/16.1%

由表 5.10 可以看出，受试在任务 4 产出中使用频率最高的连词为"and"，整体而言，学习者使用的高级阶段连词较少。就连词的使用频率而言，除了连词"so"，受试在复杂任务中的连词使用频率均值都略高于简单任务中的对应值。这说明受试在复杂任务产出中使用其他五个连词的频率更高。研究者采用推断性统计分析考察受试对上述六个连词的使用频率是否具有显著差异。S-W 正态分布检验结果显示仅有连词"and"的使用频率符合正态分布，根据数据的性质特点，研究者分别对受试在两次任务产出中的连词使用频率进行了配对样本 T 检验和 Wilcoxon 检验。检验结果表明，受试在简单任务和复杂任务中对于六个连词的使用频率没有显著差异。就连词的使用人数分布而言，上表显示更多的受试在复杂任务产出中使用与推理变量高度相关的连词"so"和"because"，使用高级阶段的连词"when"和"after"，这说明推理需求

控制下增加任务复杂度有助于促进受试具体性指标的产出。卡方检验结果表明，10名受试在简单任务和复杂任务中对上述连词的使用人数分布没有显著差异（$p > 0.05$）。

5.2.2 任务复杂度对受试口语产出过程的影响

同样以Levelt的言语产出模型为框架，研究者对10名个案受试的刺激性回想文本按照表4.8的形式进行了标注和归类，最后得到共12种心理特征[①]。10名个案受试在任务4产出中的心理特征与在任务1产出中的心理特征略有不同。这种不同主要表现在以下方面：① 在概念器阶段，受试在任务4的产出中多出了对内容准确性监控；② 在形成器阶段，受试对语言形式的监控仅限于语法/句型准确性，而比任务1产出缺少了对词汇准确性和词汇恰当性的监控；③ 受试在任务4中增加了发音后对内容准确性的监控，缺少了关于内容组织的心理特征；④ 受试发音后对语言形式的监控与任务1产出中的特征不同，在任务4中出现了对发音准确性的监控，而缺少了对词汇恰当性的监控。

由于前文在分析受试任务1产出过程时已经呈现相关心理特征的具体示例，本节将仅举例说明受试在任务4产出中出现的新的心理特征。这些特征主要有发音前内容准确性监控、发音后内容准确性监控以及发音准确性监控。发音前内容准确性指说话者脑海中已有相关的话语内容，但是对于内容的准确性没有把握；发音后内容准确性指说话者发现已经产出的话语内容与自己的真实意图不相符或已产出错误信息；发音准确性监控指说话者发现自己已产出的单词发音错误。以下为上述三种心理特征类型示例：

● 发音前内容准确性

（33）*Um … they uh … and they um …… they laughed at um him.*

受试回想：这儿我在想该说这两个小孩是在嘲笑他还是要对付他。

---

① 由于这12种心理特征与受试在任务1产出中的14中心理特征的大部分相重复，而且同样以Levelt的框架为归类的基础，此处并未采用表格的形式呈现出全部的特征。这12种心理特征分别为内容搜索、内容组织、内容准确性（发音前）、话语表达、词汇表达、语法/句型表达、语法准确性（发音前）、内容准确性（发音后）、内容恰当性、发音准确性、词汇准确性以及语法/句型准确性（发音后）。

● 发音后内容准确性

（34）*After a ... though he was struggling to grab the platform, but ... it didn't ... help. after a while,*

受试回想：想说他一会儿掉下去了，但是中间看到一个图片他又在抓着，如果直接说他掉下去内容不够完整，就好像省略了这个过程，情节好像跳过了。然后就说他 struggling 抓着地板，不想掉下去。

● 发音准确性

（35）*And in the and in the and in the end, Mr. Bean fall in Mr. Bean fall in the swim the swimming fall in the water.*

受试回想：我突然想到以前英语老师说过应该说 in [ði] end，不是 in [ðə] end。

受试在任务 4 产出中的心理特征相当丰富，既涉及内容也涉及形式，而在形式方面又涵盖了词汇、语法和语音等方面的特征。对受试产出心理特征的定性分析为进一步考察任务复杂度对受试在简单任务和复杂任务产出中心理特征的影响提供了分析框架。

基于对受试在任务 4 产出中心理特征的归类，本研究分别考察了受试在简单任务和复杂任务中的具体产出心理特征数量。结果表明，受试在任务 4 中的心理特征分布与在任务 1 产出中的分布情况有类似之处：关于话语表达和词汇表达的心理特征仍然占非常高的比例，而无论是关于内容加工还是内容监控的比例都非常小。表 5.11 汇总了 10 名个案受试在两次任务产出中的具体心理特征数量分布情况。

由表 5.11 可以看出，整体而言，受试在复杂任务产出中关于内容的心理特征数量比例略低于简单任务产出中的对应值。受试在发音前关于形式的心理特征数量基本相当（分别为 79.10% 和 75%），受试在复杂任务中关于话语表达的心理特征比例减少，关于词汇表达的心理特征比例略有增加。此外，在复杂任务中关于发音后心理特征的数量更高。在言语产出的三个阶段中，与言语理解系统有关的心理特征差异最大，受试在复杂任务产出中此类心理特征接近简单任务中的两倍（分别为 19.74% 和 11.94%），尤其是关于词汇准确性和语法准确性等语言形式的监控比例差异最为明显。受试在复杂任务中表

表 5.11　个案受试在简单任务和复杂任务产出中的心理特征分布

类型				数量	
				简单	复杂
言语产出心理特征	发音前心理活动	关于内容（概念器）	内容加工	内容搜索　3/4.48%	2/2.63%
				内容组织　1/1.49%	0
			内容监控	内容准确性　2/2.99%	2/2.63%
		概念器阶段小计		6/8.96%	4/5.26%
		关于形式（形成器）	形式加工	话语表达　21/31.34%	15/19.74%
				词汇表达　31/46.27%	38/50%
				语法/句型表达　0	3/3.95%
			形式监控	语法/句型准确性　1/1.49%	1/1.32%
		形成器阶段小计		53/79.10%	57/75%
	发音后心理活动	言语理解系统	内容监控	内容准确性　1/1.49%	0
				内容恰当性　1/1.49%	0
			形式监控	发音准确性　1/1.49%	2/2.63%
				词汇准确性　2/2.99%	7/9.21%
				语法/句型准确性　3/4.48%	6/7.89%
		言语理解系统阶段小计		8/11.94%	15/19.74%
总计				67/100%	76/100%

现出更多的词汇准确性和语法准确性监控特征。

　　与受试在任务 1 中的产出心理特征一样,根据发音前后以及产出、监控等机制的不同,表中的 12 种具体特征可以合并为 6 类。

　　图 5.2 呈现了这 6 类特征的分布比例。

　　由图 5.2 可以直观地看出,受试在任务 4 产出中的心理特征比例最高的是发音前形式加工,无论是在简单任务还是在复杂任务中都占 3/4 左右的比例。除了形式加工,受试发音后对语言形式的监控也占相对较高的比例,尤其是在复杂任务中比例接近 20%。受试在简单任务和复杂任务产出中的心理特征分布差异集中在发音前内容加工、发音前形式加工、发音后内容监控以及发音后形式监控。其中,最明显的不同在于发音后形式监控这一特征。受试

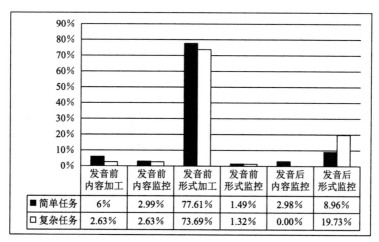

图 5.2 个案受试在任务 4 产出中的心理特征类型分布情况

在复杂任务中关于发音后形式监控的心理特征超过了在简单任务中的两倍。

研究者采用推断性统计考察受试在简单任务和复杂任务产出中心理特征分布的差异。卡方检验显示,受试在言语产出三个阶段(概念器、形成器和言语理解系统阶段)的整体心理特征分布没有显著差异($\chi^2 = 2.169$, $df = 2$, $p = 0.338$),在简单任务和复杂任务产出中的具体特征分布也没有显著差异。

5.2.3 口语产出心理特征与产出结果的关系

研究者以随机抽取的 10 名个案为研究对象,通过深究他们在口语产出时的具体心理特征的特点,结合他们口语表现的具体变化趋势,考察任务产出心理特征与其口语表现的关系。本节首先呈现受试在简单任务和复杂任务中口语产出语言表现的变化情况,继而,深入考察受试产出特征的具体特点。表5.12 汇总了受试在简单任务和复杂任务产出中口语表现的描述性统计结果。

表 5.12 个案受试在任务 4 中的整体性产出指标描述性统计结果

	指标	均值	标准差
		简单/复杂	简单/复杂
复杂性	AS 单位内子句数 AS 单位均长 从句子句比	1.52/1.37 9.04/8.74 0.13/0.17	0.23/0.15 1.72/1.39 0.10/0.05
准确性	无错子句比 每百词错误数	0.43/0.44 11.66/10.58	0.20/0.25 5.95/5.38

续表

	指标	均值	标准差
		简单/复杂	简单/复杂
词汇	D	36.73/34.13	6.93/10.66
	Lambda	1.37/1.41	0.27/0.36
流利性	语速	0.74/0.66	0.23/0.19

表 5.12 显示,10 名个案受试在复杂任务产出中有两项句法复杂性指标均值略有降低,分别为 AS 单位内子句数和 AS 单位均长,而从句子句比略有提高;在复杂任务产出中受试语言准确性略有提高,词汇多样性降低,词汇复杂性略有提高,词汇流利性降低。该表所显示出的个案受试在简单任务和复杂任务中的表现与所有受试($n=31$)的任务表现趋势基本一致。唯一不同的是在句法复杂性这一维度,31 名受试在复杂任务中的前两项句法复杂性均值高于简单任务产出中的对应值。

为了进一步考察 10 名个案受试在简单任务和复杂任务中的产出表现是否具有显著性差异,研究者对表 5.13 中的八项指标进行了非参数检验。Wilcoxon 检验结果表明,就本研究涉及的八项整体性产出指标而言,个案受试在简单任务和复杂任务中的表现均不具有显著性差异($p>0.05$)。最接近显著值的为语速这一流利性指标($Z=-1.886, p=0.059$),这说明任务复杂度对学习者口语产出流利性有着消极的影响,任务越复杂,学习者产出的流利性就会越低。另外一项临近统计意义显著值的是句法复杂性指标 AS 单位内子句数($p=0.074$),该结果说明受试在复杂任务中使用更少的子句。

表 5.12 显示,在发音前活动中的概念器阶段,受试在简单任务中的心理特征数量略高于复杂任务中的数量,具体表现于受试在简单任务中有 5.97% 的心理特征涉及内容加工,复杂任务中有 3.95% 涉及内容加工。在考察受试任务 1 产出的心理特征时,研究者发现关于内容加工的心理特征通常会降低受试产出的流利性。在任务 4 的产出中,研究者也有同样的发现。通常来讲,无论受试在搜索说话内容还是在组织要表达的内容,都会影响到他(她)们的口语产出流利性。例如:

(36) *Uh … uh he was uh uh uh he was a little afraid of it.* (T1S03)

受试回想:在想接下来说什么。

（37）*Uh …… uh …… uh Mr. Mr. Bean … Mr. Bean drop from um diving platform.*（T1S03）

受试回想：在想下面该说什么内容。

（38）*Uh …… two two children uh … laughed at him.*（T4C03）

受试回想：在想接下来该怎么讲。

（39）*As he turn back, …… he … can't he couldn't keep balance.*（T4S09）

受试回想：本来想说 he fell down，他摔倒了，但是看到后面他抓着栏杆，觉得应该中间还有细节，这样更完整，所以就停了一下。

上述例子表明，当受试在进行内容搜索或内容组织时，通常会有长时间的停顿或者大量的话语重复，这些都会降低他们口语产出的流利性。除了关于内容加工的心理特征，受试在两次任务产出中均有关于内容监控的心理特征，即对所要表达内容准确性的发音前监控。这类特征通常也会影响受试口语流利性。例如：

（40）*Um … they uh … and they um …… they laughed at um him.*（T4S03）

受试回想：这儿我在想该说这两个小孩是在嘲笑他还是要对付他。

（41）*After a … though he was struggling to grab the platform, but … it didn't … help. After a while,*（T4C09）

受试回想：想说他一会儿掉下去了，但是中间看到一个图片他又在抓着，直接如果直接说他掉下去内容不够完整，就好像省略了这个过程，情节好像跳过了。然后就说他 struggling 抓着地板，不想掉下去。

在形成器阶段，虽然受试在两次任务产出中的总的心理特征数量基本相当，但是关于形式加工的心理特征差别相对较大。尤其是，受试在复杂任务中关于话语表达的心理特征数量减少，关于词汇表达的特征数量略有增加，关于语法/句型的心理特征数量与简单任务中基本相当。话语表达和词汇表达两类特征构成了受试任务产出心理特征的主要类别。这两类特征相对较为复杂，考察发现，这两类特征通常既会降低受试产出的流利性，也会影响产出的准确性。例如：

（42）*Uh … the last the last uh … picture is he Mr. Bean is … um in the uh swim …uh in the swimming in the swimming water with no emotion.*（T4S01）

受试回想："游泳池"不会说，在想该怎么说，但是最后还是不会。

（43）*so um … he only use one hand to … to touch the platform.*（T4S02）

受试回想：本来想说他只用了一只手去抓这个台子，但是不会说"抓"这个词，所以我就用了 touch。

（44）*Uh …… a children …… uh make make him uh …… make him …… uh make him uh in in the water.*（T4C03）

受试回想：这儿想说把他踢下去，但是"踢"不会说，就换了说法，说把他弄入水中，但是"落入"也不会说。

（45）*Mr. Bean very … um very afraid and …… um …… Mr. Bean very afraid …*（T4S10）

受试回想：我想说 Mr. Bean 很害怕，从水中冒出头，心有余悸的那种感觉，可是我不会说，就只说了他很害怕。

（46）*She uh …… he he uh …… he was uh he was uh use his hands … he was use his hands …… he was he was use his hands uh ……*（T4C10）

受试回想：我想说他用手抓住跳台的边缘，但是不会表达，就一直在想该怎么说，最后还是没说。

从上面的例子可以看出：由于不知该如何表达所要表达的内容或词汇，受试在产出中均出现了长时间的停顿，除了停顿还经常伴有多次的话语重复。这些特点都在很大程度上降低了受试产出的流利性。此外，当受试在话语表达和词汇表达方面有困难时，他们通常不能以正确的形式表达出想要表达的内容，或者使用正确的词汇表达意义。例如在（42）中，受试想表达"游泳池"，但在多次尝试后最后却以"swimming water"代替,正是这样由于词汇替代不成功而影响了口语准确性。在例句(44)中,受试努力搜索对应的二语词汇,经过数次的长时间停顿后最终仍然使用了错误的表达方式。

就发音前语言形式的加工而言,受试在复杂任务中有个别特征与语法/句型表达有关。此类特征通常也会降低受试产出的流利性。然而,与话语表达和词汇表达相比,关于语法/句型的表达则不一定会造成准确性的降低。例如:

(47) *But but the but these things um … but two boys see these things.* (T4C01)

受试回想:我想说这一情景被这两个男孩看到了,但是我不知道该用什么样的句式表达,我就改成了主动的形式。

(48) *He … climbed onto a … climb to wait for wait to uh wait to … drop from the flat.* (T4C07)

受试回想:开始用的 wait for,但是 for 后面跟名词或动名词,我觉得不好说,就改成了 to,后面直接跟动词原形就行了。

除了以上三类对形式的加工特征,受试在发音前还表现出对形式的监控,这在两次任务中主要表现为对语法/句型准确性的监控。该类心理特征通常也会降低受试产出的流利性,受试常常表现为话语重复或停顿。然而,受试由于自身目的语水平不高,对语法准确性的监控却不一定会提高语言的准确性,这种监控有时可能成功,有时可能失败。比如下面两个例子:

(49) *Then he slide slide slided … into the air.* (T4S09)

受试回想:我在想 slide 这个词的过去式形式是什么。

(50) *Um So he did that so he do that he does that.* (T4C05)

受试回想:时态不知道该用哪一个了。

受试发音后的心理活动主要包括对内容和形式的监控两类,关于内容的监控主要是指对内容准确性和恰当性的监控,关于形式的监控又可以分为对发音准确性的监控、对词汇准确性的监控以及对语法/句型准确性的监控。通过进一步的考察发现,受试对内容的监控常常伴有话语的修正或重复,因而会降低产出流利性。例如：

（51）*so ... uh because he he don't want ... uh don't want to uh ......*
he feel very scary, uh so he want to go down the ladder.（T4S01）

受试回想：我觉得好像把这两幅图的意思弄错了，我觉得前面那
句内容说错了，所以就改了过来，重新说的。

发音后对语言形式的监控是受试在简单任务和复杂任务产出中差别较大
的地方，也是受试发音后的主要心理特征。此类心理特征通常都会造成受试
产出时的话语重复或修正，进而影响到产出的流利性。然而，受试发音准确性
监控通常只是重复某个词的发音，因此一般不会对语言形式的准确性产生影
响。相比之下，受试对语法准确性的监控则能够在很大程度上提高语言的准
确性。例如：

（52）*When he ... when he walked towards the edge of the diving*
platform, he found it was too high for him to jump down.（T4S09）

受试回想：这个地方就是，我有个同学跟我说过，when 这个音我
一直发得不好，发音不对，我当时在想这个词的发音。

（53）*Mr. Bean want to diving ... dive.*（T4S01）

受试回想：这个地方说完后我意识到 to 后面应该接 do 的形式，
所以就改过来了。

（54）*Many people um are laughing about are laughing at him.*
（T4S05）

受试回想：说完后觉得不对，嘲笑应该是 laugh at sb.。

（55）*But he ... never he has never done this,*（T4C07）

受试回想：觉得一开始表达得不准确，应该是 has never。

以上分析表明，受试在任务 4 产出的心理特征与其产出结果存在一定的
关系。这也为受试在简单任务和复杂任务产出中的不同表现提供了很好的解
释。总体而言，无论受试对语言的加工还是监控都会降低口语产出的流利性。
受试发音前对内容和形式的加工对口语流利性影响最大，对形式的加工通常
会降低语言准确性，而发音后对形式的监控则对语言准确性帮助较大。

5.3　本章小结

本章分别报告了元素多少变量和推理变量控制下任务复杂度对受试口语产出结果与过程的影响。研究结果表明,元素多少控制下的任务复杂度对受试口语产出的句法复杂性(除 AS 单位均长)、准确性和词汇使用没有显著影响,但对流利性有显著影响。受试在复杂任务产出中的口语流利性更高。推理需求变量控制下任务复杂度对受试口语产出结果均没有显著性影响。此外,统计分析表明,任务复杂度对受试的连词使用情况没有显著性影响。最后,无论是元素多少变量,还是推理需求变量,二者控制下的任务复杂度对受试口语产出心理特征类型都有影响,受试在不同复杂度的任务中呈现出不同的心理特征类型分布,这种差异可以部分地解释他(她)们的口语任务表现。

第6章 研究讨论

本章为研究讨论部分,该部分将结合相关的理论基础与已有的研究发现对本研究的结果进行讨论。本章从三个方面讨论了研究发现,即任务复杂度对学习者口语产出结果的影响、任务复杂度对学习者口语产出过程的影响以及任务复杂度对学习者口语产出的影响机制。由于本研究涉及元素多少与推理需求两个任务复杂度变量,因此本章在每一小节都对这两个变量控制下的研究结果进行了比较和讨论。

6.1 任务复杂度对学习者口语产出结果的影响

由于本研究采用了整体性指标和具体性指标相结合的方式考察了学习者口语产出的结果,因此,本节仍然从整体性指标和具体性指标两个方面讨论本研究的结果。

6.1.1 任务复杂度对学习者产出整体性指标的影响

本研究分别考察了元素多少和推理需求两个变量控制下的任务复杂度对学习者口语产出的影响。表 6.1 汇总了学习者在语言产出的四个衡量维度上的均值变化情况。

表 6.1 显示,无论是在判断任务还是在叙述任务中,任务复杂度对学习者口语产出均有不同程度的影响。就本研究所涉及的两种类型的任务而言,任务复杂度对学习者口语产出句法复杂性和准确性的影响趋势相同,即学习者

表6.1 任务复杂度对学习者口语产出结果的影响

产出维度	元素变量	推理变量
	均值变化情况	
句法复杂性	提高*	提高
准确性	提高	提高
词汇多样性	降低	降低
词汇复杂性	降低	提高
流利性	提高*	降低

*AS 单位均长均值具有显著性，$p < 0.05$。

在复杂任务中句法复杂性和准确性均值更高。元素多少变量和推理需求变量对学习者口语产出的不同影响体现在词汇复杂性和流利性两个维度。学习者在元素多少变量控制下的复杂任务中词汇复杂性降低，流利性提高，但是在推理需求变量控制下的复杂任务中，这两项指标呈现出相反的趋势。推断性统计表明：元素多少变量控制下的任务复杂度仅对学习者口语产出的 AS 单位均长和流利性（语速）存在显著影响，对 AS 单位内子句数指标的影响接近显著值（$p = 0.08$），对其他产出维度不存在显著影响；推理需求变量控制下的任务复杂度对学习者口语产出的八项整体性指标均没有显著影响。

关于任务复杂度如何作用于注意资源分配，进而影响学习者任务表现中对二语结构的关注程度，研究者主要有两种主张，即竞争假说（Skehan，1998，2007；Skehan & Foster，2001）和认知假说（Robinson，2001a，2003，2005）。竞争假说认为，增加任务的认知复杂度对学习者语言的准确性或复杂性产生消极的影响。由于学习者不能两者兼顾，因此在准确性和语言复杂性之间存在竞争关系。竞争假说以有限注意容量假说为基础，认为言语的概念化和形式化阶段的注意资源是有限的。Skehan 认为，任务设计特征能够对言语的概念化和形式化产生独立的影响，任务特征既可以增加也可以缓解在这两个阶段的压力。认知假说认为，沿资源指向型变量增加任务复杂度会提高学习者产出的复杂性和准确性，但会降低学习者产出的流利性。根据认知假说的观点，言语的概念化与形式化密切相关，当学习者在完成更复杂的任务时，他们可能需要调整自身的二语概念系统，从而影响语言编码。概念需求与语言需求的协同配合能够使学习者产出更准确和复杂的语言，从而促进二语的发展

（Révész，Sachs & Hama，2014）。

就本研究所涉及的两个任务复杂度变量而言，关于元素多少变量对句法复杂度维度影响的结果与认知假说的预测基本一致，但本研究并未发现该复杂度变量对学习者语言准确性的显著影响。此外，本研究在流利性维度的发现与认知假说的预测也不一致。关于推理需求变量对学习者口语产出的影响，本研究未发现任务复杂度对任何产出维度的显著影响。该发现与认知假说的预测并不一致。虽然推理需求变量控制下增加任务复杂度对学习者产出没有显著影响，但是从四个产出维度的均值比较来看，本研究结果似乎说明增加任务复杂度可以提高学习者产出的复杂性和准确性。这一点仍需要更多实证研究加以验证。

目前，二语任务研究领域关于元素多少变量的探究相对较少，本研究关于该变量的发现与 Kuiken，Mos & Vedder（2005）以及 Kuiken & Vedder（2007）等研究的发现不一致。上述研究发现任务复杂度对学习者产出准确性有显著影响，但对句法复杂性没有显著影响。本研究之所以与上述两项研究的发现不一致可能有以下原因。① Kuiken & Vedder（2007）的研究均考察的是学习者书面语产出的影响，而本研究则考察学习者口语产出的影响。相比之下，学习者在进行书面语产出时有更多的在线准备时间。② 本研究对元素多少变量的操作化定义不同。Michel，Kuiken & Vedder（2007）采用与本研究类似的操作化定义探究了任务复杂度对学习者口语产出的影响。该研究发现，学习者在复杂任务产出中错误数量减少，但句法复杂性并未有显著变化。将本研究与 Michel 等人的研究进行比较，可以发现两项研究在语言产出的衡量指标方面存在较大的不同。

Michel（2011）采用了与本研究相同的复杂度控制方式考察了荷兰语学习者口语产出，研究发现学习者在复杂任务中仅词汇多样性一项指标有显著提高，而在产出的句法复杂性、准确性和流利性方面均没有显著差异。将该发现与其他研究发现进行比较，Michel 认为，研究所采用的任务复杂度操作化定义方式或许不能成为影响学习者口语产出中资源分配的一个任务特征。然而，本研究却有不同的发现。本研究并未发现任务复杂度对词汇多样性的积极影响。虽然两项研究的不同结果可能与学习者目的语和衡量指标有关，但这也说明目前尚不能对元素多少变量影响下结论。研究者有必要采用同样的方式以元素多少变量控制任务复杂度,也可以将这种方式与其他操作化方式(如 Gilabert, 2007b; Kuiken & Vedder, 2007)进行比较,以发现哪种方式对学习者产出的影响更加明显。

本研究的发现与 Révész(2011)也不相同。Révész 同样以元素多少和推理需求为控制变量考察了任务复杂度对学习者口语产出的影响。不过该项研究发现,学习者在复杂任务中句法复杂性降低,词汇多样性和语言准确性均有提高。该发现与本研究的结果有较大的不同,尤其是在句法复杂性和词汇多样性维度,两项研究的结果甚至相反。虽然 Révész(2011)对任务复杂度的控制方式与本研究类似,但是两项研究最大的不同在于本研究采用的是独白式任务,而 Révész 采用的是互动式任务。根据 Robinson(2005)的观点,随着复杂度的增加,互动式任务会产生大量的意义协商,而学习者在协商时进行的短语型回应会降低产出的句法复杂性。

Robinson(2005)认为,元素数量的增加会改变学习者在任务表现中的注意资源分配,该观点与认知心理学的观点一致。Halford, Cowan & Andrews(2007)认为,人类认知能力的最大限度为四个元素或组合。本研究中简单任务涉及的元素或组合在最大限制范围内,而复杂任务则超出了认知能力的限制范围。然而,本研究未能发现元素多少变量对学习者口语产出复杂性和准确性的显著效应(除 AS 单位均长),原因可能是增加更多的元素并不能够提高任务的概念需求。而如果涉及更多元素的任务不能增加认知负荷,二语学习者就不能够表现出试图满足这种需求的迹象。换言之,学习者产出语言复杂性和准确性没有相应提高,甚至连词的使用也体现不出显著差异(Michel, 2011)。

与认知假说的预测不同,本研究并未发现推理需求变量控制下任务复杂度对学习者口语产出结果的显著影响。Ishikawa(2008)发现,在完成需要推理的任务时,学习者口语产出的词汇多样性和准确性要比在不需要推理的任务中更高,但是在语速指标上差异并不显著。该研究在语速这一指标上的发现与本研究的发现一致,但在词汇多样性和准确性方面与本研究不一致。两项研究虽然都以推理需求控制任务复杂度,但二者在研究设计方面存在诸多不同。① 本研究为图片叙述任务,而 Ishikawa(2008)的研究为决定型任务。② 两项研究所采用的衡量指标不完全相同。本研究采用 D 值衡量学习者口语产出的词汇多样性,该指标比 Guiraud(2000)更为科学。③ 研究对于任务复杂度的操作化定义不同。

Choong(2011)考察了情境支持与推理需求两个变量对高级英语学习者口语产出中语言复杂性的影响。研究发现,学习者在推理需求更高的任务中,产出复杂性指标的均值更高,但是统计分析表明推理需求高低对句法复杂性没有显著性的影响。该研究中关于推理需求变量的操作化定义与本研究相同,但是研究的设计不同。虽然本研究与 Choong(2011)关于句法复杂性指标的发现一致,但不能就此认为推理需求控制下的任务复杂度不会对句法复杂性产生显著的影响。与本研究相比,Choong(2011)的研究仅涉及 10 名英语学习者,数量较少,而且学习者均为水平较高的二语学习者。最重要的是,该研究对受试实施的任务内容不同。正如研究者自身承认的,不同任务之间内容的不对等不可避免地会对任务复杂度效应产生影响。因此,从受试样本、产出指标以及任务的设计等方面而言,本研究较之 Choong(2011)所呈现的结果会更具说服力。

Kormos & Trebits(2011)采用了图片叙述任务考察了推理需求变量对 44 名匈牙利英语学习者口语产出的影响。该研究中关于任务复杂度的操作化定义与本研究基本一致,都是以是否设定好图片顺序作为简单任务和复杂任务的区分标准。但是不同点在于,该项研究中的两项任务所涉及的内容不同。Kormos & Trebits(2011)的研究发现,学习者在复杂任务产出中的词汇多样性更低,句法复杂性和准确性没有显著变化,流利性均值有所降低,但没有显著差异。虽然本研究并未发现任务复杂度对学习者口语产出四个维度上的显著差异,但是就两次任务产出维度的均值比较情况而言,学习者口语产出的变化趋势与 Kormos & Trebits(2011)的发现一致。关于推理需求变量的影响,似乎大部分研究都未能发现任务复杂度对学习者语言表现的显著影响(如 Lee,2002;Robinson,2007a)。这种情况有以下可能的原因:① 已有的研究关于推理需求变量的控制方式并不相同(详见第二章 2.3.3 小节);② 研究采用的产出衡量指标不完全相同;③ 研究中受试语言水平不同。例如,Albert(2007)采用了与 Kormos & Trebits(2011)相同的任务,但是研究受试是水平更高的英语专业学习者,因此研究发现学习者在复杂任务中产出的流利性更高。

二语任务研究中普遍以 Levelt(1989)的言语产出模型作为阐释任务影响

的理论依据。根据 Levelt 的言语产出模型,增加任务的概念需求会使说话者在概念化以及宏观计划阶段做出更大的努力,从而为接下来在微观计划和词汇语法编码阶段的概念与语言类属的重新映射创造条件。在 Levelt 的模型中,概念化阶段产生语前信息,"语前信息包括下一阶段加工(特别是语法编码)所需要的特征"(Levelt, 1989: 70)。因此,概念化阶段中所做出的更大的努力会将概念化的信息转换成语言相关表征,这种表征可以用于微观计划阶段进一步编码,进而为说话者语言的准确性和复杂性带来积极的影响(Robinson, 2011)。Kormos(2011)也认为,资源指向型任务复杂度的增加要求二语学习者激活复杂的概念和更加具体的交际功能图式,这就会促使学习者表达与概念有关的更加复杂的关系。因此,任务复杂度对言语产出的宏观计划阶段有着重要影响,学习者正是在这一阶段选择概念并编码它们之间的关系。而在言语产出过程中,概念会激活与之相关的词汇与句法编码程序。简言之,复杂的概念要求复杂的词汇,而概念之间的复杂关系则会激活更复杂的句法编码程序,这恰好解释了为什么更复杂的任务能够提高学习者句法复杂性和词汇复杂性。

本研究所涉及任务 1 以元素多少为控制变量,任务 4 以推理需求为控制变量,两个变量对学习者概念化阶段都提出了更高的要求,学习者需要在发音前激活更为复杂的概念。在任务 1 的复杂版本中,学习者需要比较更多的任务和描述特征,而在任务 4 的复杂版本中,学习者则需要根据图片建构要表达的概念。概念需求的增加很可能会激活与之相关的句法编码程序。因此,学习者在复杂任务中句法复杂性均有提高。学习者在任务 1 和任务 4 复杂版本中准确性维度的表现很可能说明,在完成概念负荷更高的任务时语言准确性可能会更高。本研究中关于语言准确性的发现同样与 Bereiter & Scardamalia(1987)对知识呈现和知识转化的划分的观点相符合。上述两位研究者认为,当学习者在进行知识转化时,他们很可能会更加关注所使用的语言的准确性,但是知识呈现不会引起学习者对语言准确性的同样关注。虽然 Bereiter & Scardamalia(1987)的框架最初被用于比较新手写作者和有经验的写作者的创作策略,但是他们同样将任务视为能够鼓励学习者进行知识呈现或知识转化的活动。

在任务 1 产出中,学习者在复杂任务中的流利性更高。这可能与任务本身的特点有关。由于大部分非英语专业大学生口语表达能力较差,因此仅涉及四个人物的简单任务可能不能够给学习者提供足够的信息。学习者因担心不能产出足够的内容便需要将更多的注意力用于内容的搜索。而由于任务本身要求学习者既阐释做出选择的理由,也说明不选择其他选手的理由,所以在复杂任务中增加的两个人物及对应的特征描述给了学习者更多的信息。相比较而言,学习者在复杂任务中不需要付出更多的努力进行内容搜索,这样便可以将更多的注意资源用于话语表达本身,因此在复杂任务中的流利性反而更高。Michel(2011)指出,在应对复杂任务时,学习者采用的一个有效策略就是逐一地考虑任务所涉及的元素。这种线性的元素处理方式很可能不会影响任务的认知负荷,而只有当所有元素被同时处理时才可能产生更高的认知负荷。也就是说,在任务 1 的复杂版本中,学习者面对更多可能的组合方式能够产出更多的语言,但是所产出的语言只是包含更多类似的语言结构和形式。这也解释了为什么学习者在任务 1 的复杂版本中流利性更高。

Wang(2014)认为,对任务概念化阶段的干预同样可以提高语言的流利性。这主要是由于,二语产出的并行处理假设(Bygate & Samuda,2005;Kormos,2006)认为语言流利性既与概念化阶段有关,也与形式化阶段有关。因此,每个阶段都会对流利性产生影响。在任务 4 产出中,由于简单任务已经为学习者设定好图片的顺序,学习者仅需要按图片顺序叙述故事即可。这在很大程度上减轻了学习者概念化阶段的认知负荷。概念阶段加工压力的降低会对学习者产出的流利性产生积极的影响。但同时,这种既定的故事内容(学习者要表达的概念)也为学习者词汇及句法编码造成了压力。学习者不得不选择与这些既定的概念相关的词汇或语法表达。因此,由于学习者自身心理词汇有限或关于目的语的陈述性知识不足等原因,他们在简单任务中的准确性不够高。相反地,复杂任务则对学习者概念化阶段提出了更高的要求,他们需要自身建构故事的内容(所要表达的概念)。一方面,这些相对复杂的概念会激活相关的词汇和语法编码,从而有助于提高产出的句法复杂性。另一方面,学习者自身建构概念使他们可以更加自由地选择自身水平范围内的目的语知识(词汇和句法编码等),因此产出的准确性可能会更高。

学习者在任务 1 的复杂版本产出中流利性更高的另一个原因可能是,任务 1 的简单版本和复杂版本区别不够大。本研究对学习者在四次任务产出中的任务难度感知问卷进行了分析,结果显示学习者对任务 1 的简单版本和复杂版本的难度感知得分均值分别为 3. 15 和 3. 32,统计检验表明二者没有显著差异($t = -0. 770, df = 33, p = 0. 447$)。学习者对任务 4 的简单版本和复杂版本的难度感知得分均值分别为 3. 16 和 3. 58,统计检验表明二者有显著差异($t = -2. 353, df = 30, p = 0. 025$)。换言之,本研究中以元素多少控制的简单任务和复杂任务之间的复杂度差异不够大。Robinson（2001a,2011）指出,每个任务复杂度变量并非有无之分,在实际的操作中,每个变量都应是一个连续体。目前有关任务复杂度的研究基本都采用了简单任务和复杂任务这样的二分法,未来研究可以尝试更精细的分类法将任务按复杂程度分为三个或更多等级,从而更加完整和准确地探究任务复杂度对学习者语言产出或语言发展的影响（如 Frear & Bitchener,2015；Kim,2012）。

　　虽然本研究发现学习者在简单任务和复杂任务产出中的 AS 单位均长存在显著差异,但是由于本研究共使用了三个句法复杂性指标,学习者其他两项指标均未呈现出显著差异。尤其是,学习者在两次任务产出中的从句子句比基本相当。因此,对于学习者 AS 单位均长这一指标差异的解读应当持谨慎的态度。学习者 AS 单位均长存在差异的这一发现似乎与大多数的研究发现不相同,这一发现也表明需要更多的研究采用该指标去进一步探究任务复杂度对学习者产出的影响。

6.1.2　任务复杂度对学习者产出具体性指标的影响

　　在采用整体指标衡量学习者产出的研究中,绝大多数以 T 单位、C 单位等作为基本的分析单位。Robinson（2005）认为,T 单位和 C 单位等可能对学习者中介语的变化不够敏感。为此,Robinson 呼吁采用对中介语更敏感的具体性指标（如 Bardovi-Harlig,2000；Meisel,1987；Pienemann,1998；Sato,1990）。Révész（2011）指出,已有的研究之所以结果不一致,其中一个可能的原因就是它们过于依赖整体性衡量指标。Jackson & Suethanapornkul（2013）对九项有关认知假说的实证研究进行了元分析,结果同样表明,在其他条件相同的情况下,对于复杂性和准确性而言使用具体性指标得出的平均效应量更高。这进一步说明了具体性指标可能对任务复杂度效应更加敏感。

　　本研究发现,元素多少变量控制下的任务复杂度对学习者口语产出具体性指标的使用没有显著影响,学习者并没有如期望的那样在复杂任务中使用更多高级阶段的连词。相反,整体而言,学习者在复杂任务中使用连词的频率和人数比例更低。该发现与认知假说的预测不符。虽然本研究并未发现推理需求变量控制下任务复杂度对学习者具体产出指标的显著影响,但是与元素变量不同,无论是在连词的使用频率还是使用人数分布方面,描述性统计结果都显示出任务复杂度的积极效应。学习者在复杂任务中使用高级阶段连词的频率更高,同时使用高级阶段连词的人数也更多。因此,本研究关于推理需求变量对学习者具体产出指标的影响的发现基本符合认知假说的预测。

目前仅有个别研究采用具体性指标衡量任务复杂度对学习者产出的影响(Kormos & Trebits,2011;Révész,2011;Robinson,2009 等)。Robinson(2009)以+/− 此时此地为任务复杂度控制变量,将学习者目的语时体产出和运动事件词汇化模式作为具体衡量指标。研究发现,学习者在彼时彼地任务下产出更多高级阶段的动词时体形式,母语与目的语的不同会影响学习者在复杂任务中的表现。虽然该项研究未发现任务复杂度对学习者词汇化模式的显著影响,但研究发现母语为丹麦语的英语学习者在彼时彼地条件下产出更多的事件融合构式。虽然 Robinson 的研究以 +/− 此时此地为控制变量,但是研究结果的一个重要启示就是以不同母语背景的学习者为受试考察任务复杂度的影响。从这个意义上讲,本研究是对二语任务研究领域的一个重要补充。

Révész(2011)同样采用了具体性指标衡量任务复杂度的影响,该研究以连接子句的类型使用人数分布和具体连词的使用人数分布作为具体衡量指标。结合已有的研究(Diessel,2004;Robinson,2005),研究者考察了学习者在任务产出中"and""but""so""because"等六个连词的具体使用情况。研究发现,更多的学习者在复杂任务产出中使用上述连词。这说明任务复杂度对学习者连词使用存在显著影响。虽然本研究中并未发现推理需求变量对学习者连词使用的显著影响,但任务复杂度对学习者使用连词情况的整体影响趋势与 Révész(2011)基本一致。

就元素多少变量对学习者具体性指标使用情况的影响而言,本研究的发现与 Michel(2013)的发现基本一致。在 Michel(2013)的研究中,研究者同样比较了学习者在简单任务和复杂任务中使用连词的频率与人数分布情况,统计分析并未发现任务复杂度对连词使用有任何显著影响。学习者不但没有如预期的那样在复杂任务中使用更多与任务高度相关的连词,相反地,他们在复杂任务中使用的相关连词更少。将本研究与 Michel(2013)和 Révész(2011)进行比较,可以发现 Révész 的研究中对任务复杂度的控制方式不同,其任务复杂度并非仅限于元素多少变量,还涉及推理需求变量。因此,可以推测,或许元素多少变量和推理需求变量对学习者造成的认知负荷强度不同。推理需求变量更可能增加学习者的认知加工负荷,从而影响学习者具体性指标的产出。换言之,从上述三项研究来看,或许推理需求变量更能够对学习者具体产出指标产生影响,而元素多少变量可能不能够直接作用于学习者认知过程并使他们分配相应的注意资源。元素多少变量是否能够对学习者口语产出的具体性指标产生显著影响是一个有待进一步研究的问题。

本研究发现任务复杂度对学习者具体性产出指标没有显著影响,原因至少有两点。第一个原因可能是研究本身所选择的连词使用这一指标并非最合适的指标。Kim(2012)指出,在考察任务复杂度的影响时一个重要的方法论问题就是确保目的结构与不同复杂度的任务需求相关。由于目前探究任务复杂度对学习者具体性产出指标影响的研究较少,而且相关研究大多是基于一语习得的研究成果,所以对具体性指标的选择仍是一个值得进一步探究的问题。认知假说认为,沿资源指向型变量增加任务复杂度能够增加任务的概念/认知需求,而这种认知需求能够将学习者注意力指向与特定的认知域有关的二语结构。就本研究中的元素多少变量而言,除了连词的使用情况,复杂名词短语、关系从句以及指示代词等也可能作为具体的衡量指标(Robinson,2001a,2005)。就推理需求变量而言,虽然本研究发现任务复杂度可能对连词的使用有积极的影响,但是未来的研究也可以考虑纳入其他指标,例如学习者心理与认知状态类词汇的使用(Choong,2011;Robinson,2005)。Robinson & Gilabert(2007b)区分了三种推理类型,即空间推理、因果推理和意图推理,然而,目前任务研究领域仅有个别研究采用口语任务诱发特定的推理类型。或许通过考察其他与元素多少和推理需求相关的具体性指标,研究者可以发现任务复杂度的积极影响。

第二个原因可能与本研究中使用的口语任务的复杂度本身有关。本研究仅将复杂度分为了两个等级,而学习者对任务难度感知的问卷结果也表明简单任务和复杂任务的区别不够大。也就是说,无论是任务 1 还是任务 4,复杂任务对于学习者来言可能都不够复杂。按照认知假说的观点,如果复杂任务不能够提高学习者的概念需求,那么学习者就不能够将更多的注意资源分配到与这些概念相关的目的语结构上,因此就不能够提高他们在这些结构上的表现。Kormos & Trebits(2011)将他们的研究发现与 Albert(2007)的发现进行比较,认为学习者水平的高低会影响任务复杂度效应,对于任务复杂度的影响而言存在一个水平阈值(proficiency threshold)的问题。与 Kormos & Trebits(2011)观点恰好形成互补,本研究预测,要体现出任务复杂度效应,同样可能存在一个复杂度阈值的问题①。换言之,如果本研究中的复杂任务对于学习者而言更具挑战性,任务复杂度的显著效应才可能体现出来。在 Kim(2012)的研究中,研究者将任务划分为了简单、复杂和更复杂三个等级,结果表明,学习者只有在更复杂任务(++complex task)中产出更高级阶段结构的机会才显著增加。该发现表明,在考察任务复杂度对学习者语言产出的影响时采用更为精细的方法对任务复杂度进行分级非常有必要。

本研究还发现,元素多少变量和推理需求变量控制下的任务复杂度对学习者具体产出指标存在不同的影响。上一节曾经提及,本研究中关于元素多少变量的操作化定义与 Michel(2011,2013)相同,如果这样的方式不能够增加学习者的认知负荷和概念需求,那么复杂任务就不会对学习者产出的具体性指标产生明显的影响。鉴于此,未来研究很有必要对目前以元素多少变量控制任务复杂度的两种不同操作化定义进行比较研究。

虽然本研究并未发现推理需求变量控制下的任务复杂度对学习者具体性产出指标的显著影响,但是学习者在复杂任务中使用高阶段连词的频率和人数分布比例更高。这说明具体性指标很可能对任务复杂度效应更为敏感。这一发现印证了部分研究者所呼吁的使用整体指标和具体性指标探究任务复杂度对学习者语言产出影响的重要性(如 Norris & Ortega, 2009; Robinson, 2007; Robinson & Ellis, 2008)。Jackson & Suethanapornkul(2013)指出,由于采用具

---

① Kormos & Trebits(2011)提出的水平阈值强调的是学习者需要达到一定的目的语水平才可能体现出任务复杂度对学习者产出的影响。换言之,任务对学习者而言不能过于复杂。本书提出的复杂度阈值强调的是任务对学习者而言不能过于简单,任务必须达到一定的复杂程度才可能体现复杂度的影响。因此,本质上讲,二者强调的是一个问题的两个方面。

体性指标旨在衡量学习者在某个或某些语言特征或结构上的表现,而同时必须在大量使用某一种任务才可以获得足够数量和质量的特征或结构,所以有必要进一步考虑与认知复杂度相关的任务－结构根本性(Loschky & Bley-Vroman, 1993)的作用[1]。一方面,以任务根本性为基础的任务设计对实际的任务型教学有着重要的启示,此类任务能够确保学习者有更多的机会操练特定的形式意义之间的映射。另一方面,结合本研究与已有研究关于任务复杂度对学习者具体产出指标影响的发现,未来研究有必要以任务根本性为基础进行任务设计以便更好地探究任务复杂度的影响。

6.2　任务复杂度对学习者口语产出过程的影响

Révész(2014)指出,内省方法似乎是了解任务产出的认知过程的一个有用的工具。而在内省法之中,刺激性回想最适合用来探究与产出有关的心理过程。本研究采用刺激性回想的方式考察了任务复杂度对学习者任务产出过程的影响。研究发现,无论是在以元素多少变量控制任务复杂度的决定型任务中,还是以推理需求变量控制任务复杂度的图片叙述任务中,学习者在复杂任务产出中的心理过程与简单任务产出中的心理过程都存在差异。这一发现为进一步了解学习者二语产出时的注意资源分配提供了宝贵的实证依据。

言语产出过程包括信息顺利表达的流畅话语产出阶段和信息表达失败的不流利阶段。但由于通过流畅话语阶段很难观察说话者深层的言语产出机制,所以研究者更多地关注口语产出非流利阶段的各种现象。在任务型研究中,修正(repair)常被作为准确性的指标之一。但根据 Levelt(1989)和 Kormos(2006)的观点,自我修正又可以被视为言语监控机制的外在表现形式。当说话者意识到自身的产出含有错误的或者不恰当的语言时,他们会中断语音流,对言语进行修正。Kormos(2006)认为,考察学习者的监控机制有助于解释二语学习者如何将注意资源分配到言语产出的不同阶段和维度。由于言语背后的心理机制不能够通过直接的观察得知,自我修正现象成为考察说话者监控

---

① Loschky & Bley-Vroman(1993)曾将任务与目的语结构之间的关系分为三种:自然性,即学习者在完成任务时很可能出现某一语言结构,但是学习者不使用该结构同样可以完成任务;实用性,即某一结构对于完成任务不是必需的,但是使用该结构有助于学习者更容易地完成任务;根本性,即学习者在完成任务的过程中必须使用某一语言结构。

机制的重要手段（Ahmadian, Abdolrezapour & Ketabi, 2012）。

虽然目前已有不少关于学习者口语产出过程的研究,但是这些研究以关注学习者产出的非流利性本身为主,鲜有研究考察任务复杂度对产出过程(尤其是心理机制)的影响。Ahmadian, Abdolrezapour & Ketabi（2012）考察了结构强弱这一复杂度变量对学习者产出中自我修正现象的影响。该研究旨在考察任务结构性对学习者口语产出中的不同信息修正、适切性修正和错误修正三种修正类型的影响。结果表明,任务结构性对错误修正有着积极的影响,对其他两种类型的修正有消极的影响。学习者在结构紧凑的任务中产生更多的错误修正,而在结构松散的任务中产生更多的不同信息修正和适切性修正。根据 Levelt 的言语产出框架及注意资源的有限性和选择性理论,研究者认为,上述结果表明学习者在完成结构松散型任务时将更多的注意资源分配到了言语的概念化阶段,而在完成结构紧凑型任务时将更多的注意资源分配到了言语的形式化和言语化阶段。

国内学者马冬梅（2013）考察了不同难度任务学习者非流利现象及其心理特征的影响。研究者采用任务类型控制任务复杂度,即要求学习者完成自我介绍、观点陈述和复述故事三种不同类型的口语任务,考察他们产出时的非流利现象及其背后的心理特征。研究发现,随着任务难度的增加,因言语加工引起的重复或停顿比例增加,而言语监控引起的比例减少。无论何种任务类型,在言语加工和监控过程中,学生注重言语形式多于言语内容。此外,在言语监控过程中,发音后监控更多,发音前监控较少。本研究的发现与马冬梅（2013）在很大程度上相一致。无论是在以元素多少变量控制的任务 1 中,还是在以推理需求变量控制的任务 4 中,学习者关于形式的加工和监控特征均多于关于内容的加工和监控特征。

然而,相比之下,本研究呈现的结果更为丰富。由于本研究严格控制了任务复杂度的变量,所以研究结果更为准确地揭示了任务复杂度对学习者口语产出过程的影响。本研究中的受试为英语水平相对不高的非英语专业本科生,而马冬梅（2013）的研究受试则为水平较高的英语专业研究生。根据 Levelt（1989）、De Bot（1992）和 Kormos（2006）等言语产出框架,较低水平的学习者会需要更多的时间对其交际意图进行编码,在言语产出的形成器和发音器阶段,水平较低的学习者词汇、句法、形态和音位编码的自动化能力更差。这些都会影响其语言产出的具体过程。因此,本研究更为科学地揭示了任务复杂度对学习者口语产出过程的影响,也弥补了国内缺乏探究较低水平英语学习者口语产出过程的不足。

关于任务复杂度对学习者产出过程的影响,本研究除了发现元素多少和推理需求两个变量有类似之处,也发现两个变量对学习者具体心理特征的影响存在一定的差异。本研究发现,无论元素多少变量还是推理需求变量,学习者在口语产出中心理特征比例最高的是关于语言形式的加工与监控,这说明学习者在产出中最大的困难来自语言形式方面。这与 Kormos(2006,2011)提出的二语言语产出框架相符合。一语产出与二语产出的最大不同在于,一语产出中的规则通常是自动性的,是编码系统的一部分(Levelt,1989);但对于二语学习者而言,很多的短语或词汇规则并非自动性的,而是以陈述性知识的形式存储于长时记忆中(Kormos,2011)。学习者发音前的形式加工与发音后的形式监控主要指的是词汇、语法加工或监控,这恰恰与 Kormos 言语产出模型中的心理词汇和二语陈述性知识相对应。二语学习者的心理词汇既包括一语的词汇知识,也包括二语词汇知识。换言之,心理词汇是关于说话者词形和语法形态特征的一个知识库。大多数研究者认为,心理词汇存在于一个语义网络之中,各个相互联系的词在心理词典中形成网络状的词义组织。本研究发现,随着任务复杂度的增加,学习者提取心理词汇的困难增加,学习者在复杂任务中经常由于找不到合适的词汇而影响产出的准确性和流利性。

本研究发现,无论是在简单任务还是在复杂任务中,学习者关于词汇表达的心理特征占有较高的比例(详见表 5.5 和表 5.12),这一点在任务 4 的产出中尤其明显。由于词汇表达特征主要是指说话者不知道或想不起与某个概念相对应的二语单词,因此高比例的词汇加工特征在很大程度上说明了中国非英语专业学习者的心理词汇不够。穆凤英、高薇和张云燕(2005)对英语专业四级考试口试对话部分的 26 个样本进行了细致的分析,结果发现,实词提取与生成困难是造成二语使用者会话不流利的主要原因之一。该文将实词提取类型归为了提取延时、重复、修补以及提取错误等五种类型。虽然本研究中学习者的水平相对较低,但是研究同样发现词汇的提取与生成是学习者口语产出中的一大困难。"修正分层模型"(Kroll & Dijkstra,2002)认为,在二语口语产出中提取词汇具有非选择性,即母语、二语信息同时被激活。学习者语言水平越低,母语对其二语产出的影响越大,词汇提取更多地依赖母语与二语词汇层面的联系。学习者在口语产出中关于词汇表达特征的高比例说明了在实际教学中应该充分重视词汇教学的必要性。

言语产出的最后过程是言语监控。按照 Levelt 的观点,相同的心理词汇既用于言语的产出,也用于言语的理解。在 Levelt 的言语产出模型中存在三轮言语监控。第一轮监控发生在形成器之前说话者将语前计划与最初的意图进行比较。在该阶段,当说话者发现已经形成的信息内容不恰当时,就可能对语前计划进行调整。第二轮监控涉及发音前的"内部言语",指的是说话者在发音前注意到自身的编码错误,例如选词错误。最后一轮监控存在于发音之后,指说话者对已产出话语的监控。言语产出的三轮监控恰好对应本研究得出的学习者产出心理特征类型中的发音前内容监控、发音前形式监控以及发音后内容与形式监控。通过比较学习者在简单任务和复杂任务中的心理特征变化,可以看出任务复杂度对学习者在任务产出中第三轮监控的影响最明显。无论是在任务 1 还是任务 4 中,学习者在复杂任务中的发音后监控更多,尤其是关于语言形式的监控。这说明,随着任务复杂度的增加,学习者在任务产出中将更多的注意力分配到语言的准确性方面。

Skehan(2009a,2009b)对任务负荷与 Levelt 所描述的言语产出阶段之间的关系做出了较为细致的分析。Skehan(2009a)认为,正是任务负荷与其在每个言语产出阶段的影响之间的联系共同作用于学习者口语表现。例如,如果某一项任务要求学习者描述任务元素之间的动态关系,那么与仅需要描述具体、静态信息的任务相比,该任务会使学习者使用更为复杂的语言。在这种情形下,两项任务的不同之处在于言语产出概念化阶段的不同。Skehan(2011)认为,言语的概念化阶段与语言产出的复杂性关联最大,而形式化阶段与准确性和流利性两方面相关。正是这种关系揭示了一语学习者和二语学习者语言产出的不同:丰富而有序的心理词汇使得一语产出中的形式化过程顺利进行,而二语产出中学习者则由于缺乏有效的心理词汇不能轻易地将概念化阶段的需求进行形式化。根据 Skehan 的观点,任务特点对口语产出的影响主要是由于它们使学习者在言语产出的概念化阶段和词汇、句法编码与形式化阶段所做出的努力不同。图 5.1 和图 5.2 中关于发音前内容加工、发音前形式加工以及发音前形式监控特征的分布比例支持了 Skehan 的这一观点。

　　为了更清楚地呈现元素多少变量和推理需求变量对学习者产出过程的影响,研究者对两个变量控制下学习者心理过程分布情况进行了汇总。图 6.1 呈现了学习者在任务 1 和任务 4 产出中所占比例最高的三类心理特征。

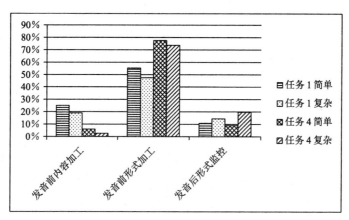

图 6.1　学习者在任务 1 和任务 4 中的主要产出心理特征

　　图 6.1 清楚地展现了学习者在两项任务的简单版本和复杂版本中产出变化趋势的异同。在任务 1 和任务 4 中,任务复杂度对学习者产出过程的影响趋势大致相同,但具体特征所占比例以及变化幅度存在差异。学习者在任务 1 中的发音前内容加工特征比例比在任务 4 中的对应特征比例更高,而在任务 4 中发音前形式加工特征比例高于任务 1 中的对应特征。此外,学习者在两项任务的复杂版本产出中关于发音前内容加工和发音前形式加工的心理特征比例均低于简单任务版本中的对应值,而关于发音后形式监控的心理特征比例高于简单任务中的对应值。本研究发现,任务复杂度对学习者口语产出的影响除了存在于概念化阶段和形式化阶段,很重要的一点在于言语理解阶段对形式的监控努力不同,这进一步丰富了 Skehan 的阐释。

　　学习者在任务 1 和任务 4 中的产出心理特征变化趋势反映了他们任务产出时的注意资源分配情况。学习者对内容和形式的加工与监控也可以由注意资源的有限性得到解释,即学习者用于内容加工(概念化阶段的活动)和形式加工的注意资源越多,那么用于形式监控的注意资源就越少。正如上图所显示,在任务 1 和 4 的简单版本中,10 名个案受试的发音前内容与形式加工的心理特征较多,发音后形式监控的心理特征较少。但是在对应的复杂版本任务中与加工有关的特征减少,而与监控有关的特征增多。这一方面体现出注意资源的选择性,也体现了注意容量的有限性。或许正是由于学习者将更少的注意资源分配与加工(包括内容和形式),才能够更多地去进行形式的监控。Ahmadian, Abdolrezapour & Ketabi(2012)根据他们关于学习者自我修正行为的发现对竞争假说进行了补充。他们认为,除了二语产出的复杂性、准确性和流利性之间存在竞争关系,二语学习者对自身言语的三轮监控之间也存在竞争关系。从本研究的结果来看,或许学习者对内容和形式的加工与监控之间也存在竞争关系。

本研究发现,学习者在任务产出中大量的心理特征与词汇表达和话语表达有关,这一方面说明学习者词汇知识和话语表达是口语产出的困难所在,也说明二语口语产出的即时性特征使得学习者可能没有足够的时间进行形式加工。根据 Levelt(1983,1989)的言语产出理论,我们可知母语者言语加工具有并行特征,母语者言语产出中注意资源主要分配于内容加工,形式加工几乎完全自动化,不需要太多注意资源。但是与母语者不同,二语学习者的言语形式化过程更多的是需要注意资源的一种控制过程。马冬梅(2013)发现,中国英语学习者的言语加工特征正好与英语母语者特征相反,其注意资源更多分配于言语形式加工。本研究同样发现,无论是学习者在简单任务产出还是复杂任务产出中,大部分的心理特征都与言语形式加工有关。这说明,本研究中的非英语专业大学生言语产出缺少自动化机制。由于学习者二语资源缺乏,二语知识程序化程度较低,负责言语形式的形成器自动化程度较低。对口语产出过程的考察揭示了学习者在完成任务时的在线注意资源分配状况,为进一步探究学习者产出过程与其口语表现创造了可能。

6.3　任务复杂度对学习者口语产出的影响机制

根据任务复杂度对学习者口语产出具体心理特征的影响,并结合具体心理特征与学习者语言表现的关系,本研究尝试建构了如图 6.2 和 6.3 所示的任务复杂度对中国非英语专业大学生口语产出的影响机制框架。由于本研究对于口语产出过程的考察仅涉及 10 名个案受试,样本较小,因此,研究在构建影响框架时仅选择了那些比例较高的心理特征,以便减少因样本限制所产生的误差。图 6.2 呈现了元素多少变量对学习者口语产出的影响框架。

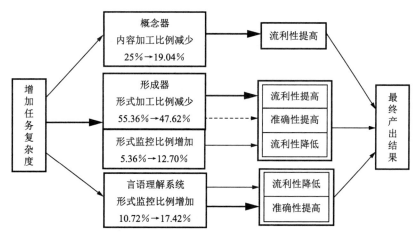

图 6.2 元素多少变量对学习者口语产出影响机制框架 [①]

该框架以 Levelt 的口语产出模型为基础,同时又建立在本研究的定量与定性分析结果之上。图中的实线箭头表示确定的影响,虚线箭头表示可能的影响,而箭头的粗细则表示影响强度的大小。此外,言语产出的三个阶段中还呈现了每一类心理特征从简单任务到复杂任务的比例变化情况。首先,任务复杂度通过言语产出的三个阶段对口语产出过程产生影响。学习者在完成不同复杂度的任务时,每一阶段的心理特征比例都会发生变化。而由于特定心理特征与语言产出的某些方面具有一定对应关系,所以心理特征比例的变化会影响到口语表现。学习者在三个阶段的心理特征变化共同影响他们的最终产出结果 [②]。由该图还可以看出,增加任务复杂度对学习者影响最大的是在形成器阶段,同时,发音前内容加工和形式加工对学习者的产出流利性影响较大,发音后形式监控有助于提高产出流利性。

就本研究所涉及的元素多少变量而言,随着任务复杂度的增加,学习者在口语产出中用于内容加工的特征比例减少。由于内容加工通常会影响产出的

---

① 由于发音前内容监控和发音后内容监控两类心理特征所占比例均不足 4%,本框架未将这两种心理特征考虑在内。

② 学习者在任务中的最终表现既取决于不同心理特征影响强度的大小,也取决于每种心理特征比例变化幅度的大小。例如,虽然概念器中的心理特征变化会提高流利性,但是言语理解系统中的心理特征变化却会降低流利性。同样的情况也发生在形成器内部形式加工与形式监控特征比例的变化上。由于内容加工和形式加工对流利性的影响更大,而且比例变化较大,它们的共同作用使学习者最终产出的流利性得以提高。

流利性,所以在复杂任务中更少的内容加工会使学习者产出的流利性提高。同样地,学习者在复杂任务中形式加工比例减少,从而导致流利性和准确性提高。发音前形式监控比例增加使得学习者流利性降低,发音后形式监控比例增加使得学习者产出流利性降低,但是准确性提高。虽然发音前和发音后形式监控比例的增加会降低产出流利性,但是这两种特征对流利性的影响强度比内容加工和形式加工的影响强度要低,所以最终产出的流利性同样得以提高。发音后形式监控比例的增加也导致了最终的准确性得到提高。

图 6.3 呈现的是推理需求变量对学习者口语产出的影响框架。

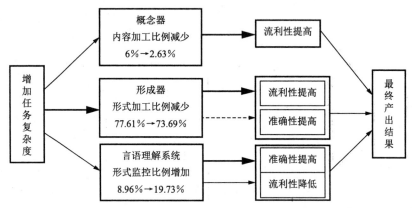

图 6.3 推理需求变量对学习者口语产出影响机制框架 [①]

由于学习者在任务 4 产出中的心理特征分布与在任务 1 中的不完全相同,所以推理需求变量的影响框架与图 6.2 所示的框架略有不同,但是主要内容基本一致。相比之下,图 6.3 的框架中少了发音前形式监控一类特征,但是其他特征均与元素多少变量的影响框架相同。同样地,任务复杂度通过言语产出的三个阶段起作用。由该图可以看出,学习者在任务 4 中的产出心理特征对口语产出表现的影响与任务 1 产出中一致。具体表现为,发音前内容加工和形式加工对学习者产出的流利性具有较大的负面影响,而发音后形式监控特征则有助于提高产出的准确性。虽然在包含的内容与对口语产出结果影响方式上两个框架基本一致,但是学习者在任务 4 和任务 1 中言语产出不同阶

---

① 由于发音前内容监控、发音前形式监控以及发音后内容监控三类特征所占比例均不超过 3%,本框架未考虑上述三种特征的影响。

段的心理特征比例变化不同,正是这一点导致了任务复杂度对最终产出结果的影响不同。虽然发音前内容加工和形式加工的特征变化使学习者产出的流利性提高,但是这些特征的比例变化并不大。相比之下,发音后形式监控的比例变化更大。而发音后形式监控比例的增加会降低流利性,所以最终导致学习者流利性降低。

图 6.2 和图 6.3 所示的框架既体现出任务复杂度对学习者产出具体心理特征的影响,也体现出具体心理特征与学习者语言表现的关系。通过上面的两个框架,可以清楚地看出学习者在不同复杂度的任务产出中如何调整注意资源分配,从而产生了不同的语言表现。

本研究未能发现学习者心理特征与语言产出复杂性的关系,主要原因在于,学习者概念化阶段更多的是大脑内部的心理活动,刺激性回想的方式更多的是针对学习者非流利现象时的心理活动,而任务的概念化需求对学习者句法复杂性的影响则在很大程度上存在于流利性的产出之中。换言之,刺激性回想方法不能够直接检测到概念构想的变化。本研究所构建的任务复杂度影响机制一方面清楚地展现了任务复杂度对学习者口语产出具体过程的影响,另一方面揭示了产出过程与语言表现的关系。该机制直观地显示出学习者在任务产出过程中注意资源分配的变化以及这种变化所带来的影响。

除了在理论上有助于我们进一步了解二语学习者语言产出的过程,本研究提出的任务复杂度影响机制框架还具有一定的现实意义。尤其是,对学习者心理特征与口语表现之间关系的建构能够为教师实施任务提供有益的参考。具体而言,本研究发现,学习者内容搜索通常会降低流利性;形式加工(主要包括词汇表达和话语表达)对流利性有较大的影响,同时可能会降低语言准确性;发音后形式监控(主要是语法准确性监控)对语言准确性有较大的帮助,但是对流利性有消极影响。上述发现对实际教学的启示主要体现在能够为教师选择任务和实施任务提供参考。

鉴于内容加工(尤其是内容搜索)对学习者语言产出的影响,教师应该选择那些内容丰富的口语任务,这样可以使学习者不至于在完成任务时无话可说,或者花费大量的精力搜索要表达的内容。例如,教师可以选择涉及更多元素变量或更高推理需求的任务以便使学习者表达更多的内容,从而得到更多练习语言的机会。鉴于形式加工对准确性和流利性的消极影响,教师在选择口语任务时应该考虑避免那些给学习者造成太多的形式加工压力的任务。形式加工压力主要来自词汇和语法两个方面,教师应该尽量避免使用学习者不熟悉的生僻词汇,或者在实施任务时给学习者提供有关的词汇,以减轻形式加工造成的压力。本研究发现形式监控对学习者产出的准确性有较大的帮助,这同样具有重要的意义。形式监控很大程度上体现出学习者对自身产出语言准确性的关注。因此,教师在实施任务时应充分考虑并引导学习者关注自身产出语言的准确性,积极采用多种方式提高学习者对语言的监控意识。Wang(2014)同样认为,语言教学中应该强调监控的作用,语言监控的质量与口语表现,特别是语言的准确性直接相关。

关于如何提高学习者语言产出在线监控意识的问题,Hulstijn & Hulstijn(1984)的研究可以为我们提供启发。该项研究发现,当学习者被引导在语言产出中更多地关注语言形式时,他们的语言准确性会提高。Ellis(2005)也指出,当学习者的注意力被引向基于规则的语言系统时,在线构想对学习者语言产出的准确性有较大的帮助。基于有关在线构想的研究发现(Ellis, 1987, 2005; Hulstijn & Hulstijn, 1984),结合本研究提出的任务复杂度影响机制框架,我们建议教师在实施任务之前对学习者进行一定的指导。尤其是,教师应结合中国英语学习者常犯的语法错误,引导他们在任务产出时关注语言形式。同时,教师还应该给学习者相对充分的在线构想时间,不要给他们造成更多的在线压力。

虽然本研究中所涉及的形式监控属于学习者完成任务时的在线活动,但是这种形式监控同样可以被扩展到任务前或任务后阶段。目前已有研究表明,任务前或任务后的形式聚焦活动有助于提高学习者语言产出的准确性(如Skehan & Foster, 1997; Lynch, 2001, 2007; 李茜, 2013)。Skehan & Foster(1997)发现,预知任务后语言活动能够提高学习者在互动任务中的口语准确性。李茜(2013)考察了任务后转写这一形式聚焦活动对学习者口语产出的影响。研究发现,完成口语任务并参加任务后转写的学习者口语准确性、句法复杂性和词汇复杂性均显著提高。研究者认为,任务后阶段的活动为学习者提供了无在线交际压力但仍未脱离交流意义的语言环境,参加转写的学习者正是充分利用了这一环境,有机会集中注意其口语产出中的语言形式。学习者在后续的任务中可以借鉴上次任务表现中的语言经验,从而使用更加准确的语言。

Doughty（2001）也曾经指出，如果学习者最近产生的语言行为在记忆中得以保存，并留待后续的加工，这将为语言认知的深加工提供重要的基础。学习者将自己的语言从口语转换成书面语形式，正是对语言进行再加工和深加工的过程。因此，任务后转写是一种有效的语言聚焦活动。由于该活动易于实施，所以教师可以充分利用任务后转写增强学习者对语言的监控意识，从而达到聚焦于形的目的。

需要指出的是，本研究提出的任务复杂度影响框架仅限于学习者完成任务时的在线心理活动及其与任务表现的关系，本框架不包括任务前活动（如构想）和任务后活动（如转写）的影响。就任务自身的作用而言，从事任务研究的学者们意见并不完全一致。Skehan（2011）认为，仅仅依赖任务本身是不够的，特定的任务条件或额外的活动（如任务后活动）对学习者语言的发展具有重要的作用。Skehan 提出，可以通过控制注意的方式最大化学习者在语言产出中聚焦于形的概率，而对注意的控制方式可以采用复杂化（complexifying）、增压（pressuring）、减压（easing）、聚焦（focusing）以及监控（monitoring）的形式①。本研究关于学习者产出心理特征与语言表现的关系的发现为 Skehan 提出的上述注意控制形式进一步提供了依据。与 Skehan 的观点不同，Robinson 提出可以依据资源指向型和资源分散型变量的不同作用进行组合，以促进学习者的语言发展。相同的是，二者都强调任务复杂度的选择性影响。因此，无论是对 Skehan 还是 Robinson 的任务实施框架而言，本研究提出的任务复杂度对学习者产出的影响机制框架都具有参考价值。

另一点需要特别指出的是，本研究所提出的任务复杂度对学习者口语产出的影响框架仅是尝试性的，不能视为最终的解释框架。主要原因在于，本研究中涉及的受试样本较少，尤其是在考察口语产出过程的心理特征时仅选取了 10 名个案受试，这使得所收集到的数据相对不够丰富。本研究所提出的任务复杂度影响框架是否适用于其他的任务复杂度变量仍需要更多的研究加以验证。同时，该框架本身对元素多少变量和推理需求变量的解释力也需要有更多的研究进一步探讨。目前，二语任务研究领域关于学习者在任务产出中

---

① 关于这些注意力控制方式的详细阐释，读者可以参考 Skehan（2009，2011，2014）进一步了解。

如何分配注意资源这一问题更多的是囿于思辨性的讨论。虽然本研究提出的框架仅是一种探索性的尝试,但是该框架基于定性和定量的数据分析,因此可以说是在探究任务复杂度对学习者口语产出影响机制这条路上的重要一步。

6.4 本章小结

结合本研究所提出的研究问题,本章分三个部分对研究结果进行了讨论。第一部分讨论了任务复杂度对学习者口语产出结果的影响,对整体性指标和具体性指标分别进行了讨论。本部分结合已有的先关研究,并以 Levelt 和 Kormos 的言语产出框架为基础,详细地分析了本研究发现的原因。通过与已有研究的比较,本部分简要指出了对任务复杂度进行进一步研究的必要性。第二部分讨论了任务复杂度对学习者口语产出心理特征的影响。该部分主要结合 Levelt 和 Kormos 的言语产出框架,解释了元素多少和推理需求两个任务复杂度变量对学习者心理特征影响的异同。基于对学习者产出结果和心理特征的讨论,第三部分提出了任务复杂度对学习者口语产出的影响机制框架。本部分首先对所提出的任务复杂度影响机制框架进行了阐释,继而讨论了该框架的理论与现实意义。

第7章

结　论

作为本书的结论部分,本章首先呈现了研究的主要发现,然后论述了研究发现对国内英语教学、二语任务研究以及任务型语言测评的启示,最后简要指出了研究的贡献与局限性,并对进一步研究提出建议。

7.1　主要研究发现

为了进一步考察任务复杂度对中国英语学习者口语产出的影响,本研究以 36 名非英语专业大学生为研究受试,以元素多少和推理需求为复杂度控制变量,既考察了任务复杂度对受试产出结果的影响,又考察了任务复杂度对受试产出心理特征的影响。此外,本研究还详细地分析了受试产出心理特征,探究了产出心理特征与口语产出结果的关系。

本研究主要发现如下。

(1)元素多少变量和推理需求变量控制下的任务复杂度对学习者口语产出结果影响趋势大致相同,在个别指标上存在差异。具体而言,在整体性指标方面,相同之处是学习者在复杂任务中的句法复杂性、准确性均值高于简单任务中的对应值,词汇多样性均值降低。但学习者在词汇复杂性和流利性方面表现出了不同的变化趋势。在元素多少变量控制的复杂任务中词汇复杂性降低,流利性提高,而在推理需求变量控制下的复杂任务中词汇复杂性提高,流利性降低。此外,元素多少变量控制下的任务复杂度对学习者 AS 单位均长和流利性有显著影响，对其他指标没有显著影响；推理需求变量控制下的任务复杂度对学习者在每个整体性指标的表现均没有显著影响。在具体性指标方面，相同之处是统计分析表明学习者在两个变量控制下的简单任务和复杂任务中的连词使用情况没有显著差异。但是两个变量的不同影响在于，二者的描述性统计结果呈现出几乎相反的趋势。学习者在以元素变量控制的复杂任务中使用连词的频率和人数比例更低，但是在以推理需求控制的复杂任务中使用高阶段连词的频率和人数比例更高。整体而言，本研究的发现并未能够印证 Robinson 提出的认知假说。

（2）无论是元素多少变量还是推理需求变量控制下的任务复杂度，对学习者言语产出三个阶段上的总体心理特征比例均没有显著影响，但是学习者在简单任务和复杂任务中呈现出不同的具体特征分布状况。就元素多少变量而言，任务复杂度的影响主要体现在学习者在复杂任务中关于词汇表达的心理特征增多，关于话语表达的心理特征减少，同时发音后的形式监控更多。尤其是，任务复杂度对学习者词汇表达和话语表达两类特征的分布具有显著性的影响。就推理需求变量而言，学习者在复杂任务中关于词汇表达的心理特征比例略有提高，关于话语表达的心理特征比例降低，关于发音后形式监控的特征比例有较大提高。无论是元素多少变量还是推理需求变量，学习者在任务产出中的心理特征比例最高的都是词汇表达和话语表达。但是相比之下，学习者在以推理需求控制下的口语任务产出中，上述两类心理特征比例更高。

（3）学习者口语产出的心理特征与口语表现具有一定的关系。这主要表现在：学习者在每个言语产出阶段对语言的加工和监控都会降低产出的流利性，而发音前对内容和形式的加工对口语流利性影响最大；除了对流利性的消极影响，学习者发音前形式加工通常也会降低语言准确性；学习者发音后的形式监控对语言准确性帮助较大。通常来言，对语言形式的发音后监控能够极大地提高语言的准确性。但是，本研究并未能够发现学习者产出心理特征与句法复杂度和词汇使用的关系。

7.2 研究的启示

本研究的启示主要体现在三个方面，即国内英语教学、二语任务研究以及语言测评。本部分将依次就上述三个方面的启示展开论述。

7.2.1　对国内英语教学的启示

Skehan（1998）认为，任务型研究重要目标之一不能只是简单地宣称任务是否有用、简单或复杂，而是要能够有一定把握地证明哪些任务适合特定的教学目标。关于任务型语言教学，Skehan（2014）对其提出的五条原则扩展为以下六条：① 选择一系列的结构作为学习目标；② 任务的选择要符合实用的原则；③ 选择并对任务排序使语言学习的目的得到均衡发展；④ 通过注意力的安排，最大可能增加学生聚焦于形的机会；⑤ 使用任务后活动促进任务产出中凸显的语言的发展；⑥ 使用循环的评价。除了 Skehan 提出的框架，任务研究的学者或任务教学专家（如 Ellis、Nunan）所提出的任务教学原则也都强调合理选择任务的重要性。由于任务已经成为二语教学的一个基本单位，对任务复杂度的探究必然有着重要的现实意义。

第一，本研究对国内外语教学最重要启示体现在任务的选择与实施方面。首先，在实际的课堂教学中，教师可以尝试实施包含多个元素或推理需求更高的口语任务。教师应该根据不同的教学目标选择实施不同的任务促进学习者语言的产出与发展。尤其是，针对中国英语学习者口语表达能力不高这一事实，教师可以实施多个元素变量的任务使学习者产出更多的语言，从而得到更多操练语言的机会。同时，推理需求更强的任务有助于学习者中介语的发展，学习者在任务产出中有可能尝试更为复杂的目的语结构，大量的练习也将有助于学习者的语言发展。其次，教师应按照合理的方式对任务进行排序并实施。认知假说的基本观点便是，教师应该根据认知复杂度的高低进行任务设计和排序。Robinson（2007b，2010，2011）认为，二语学习者正是通过完成一系列从简单到复杂的任务逐渐地接近现实生活中的目的语使用。基于本研究发现，教师在实际教学中可以根据资源指向型和资源分散型变量进行有效组合来实施任务，以便能够使教学效果最优化。最后，教师应尽可能选择多样的口语任务，充分利用任务不同特点的影响，使学习者更多地操练语言。

第二，鉴于学习者在任务产出中与形式加工（尤其是词汇表达和话语表达）有关的心理特征所占比例较高这一事实，笔者建议：一方面，教师在实际的课堂教学中应充分意识到词汇对于学习者外语学习的重要性，并注重加强基础性词汇的教学和练习。对于词汇的重要性,Wilkins(1972:48)指出:"没有语法,表达甚微;没有词汇,则表达为零。"事实上本研究所涉及的口语任务涉及的词汇难度并不大,因此,高比例的形式加工心理特征反映出非英语专业大学生词汇匮乏的现象。另一方面,教师应该在学习者完成任务之前进行必要的策略指导或培训。Dornyei(1995)把交际策略分为以下三类:减缩策略(如信息放弃、话题放弃)、成就或补偿策略(如迂回、非语言手段、语码转换)和延时策略(使用填充语)。就课堂口语任务产出而言,教师可以适当地对学生进行减缩策略和补偿策略等培训。这样就可以帮助有些学习者减小在碰到不会表达的词汇或内容时对口语表现产生的消极的影响。

第三,教师应积极引导学习者在任务产出时对语言的监控意识,尤其是对语法准确性的监控。关于这一点,教师可以在实施任务之前结合学习者常犯的语法错误通过讲解的形式引起学习者对语言形式的关注。此外,教师还应该注意根据任务复杂程度的不同给予学习者相对充足的在线构想时间,避免时间不足给学习者造成更多的在线压力。除了上述活动,教师还可以充分利用形式聚焦活动增强学习者对自身产出语言的监控,从而提高语言准确性。Skehan & Foster(1997)研究发现,预知任务后语言活动能够提高学习者在互动任务中的口语准确性。尤其是,近年来关于任务后转写的研究一致发现该活动对学习者语言准确性有较大帮助(Lynch,2007;李茜,2013)。因此,教师可以要求学习者完成任务后对自己的产出录音进行转写,以此引导其对语言形式的关注。

7.2.2 对二语任务研究的启示

除了对课堂教学的启示,本研究对二语任务研究(尤其是关于任务复杂度对学习者产出影响的研究)也具有一定的启示。这主要体现在以下方面。

(1)采用相对更加科学、合理的指标衡量学习者语言产出。国外部分研究者已经意识到科学的衡量指标对于任务研究的重要性,并倡导采用整体性指标和具体性指标相结合的方式衡量学习者语言产出。然而,目前仅有为数不多的研究采用这样的衡量方式,而在国内尚未有这样的研究。因此,本研究弥补了国内缺乏采用整体性指标和具体性指标相结合的方式衡量学习者语言产出的不足。其次,目前国内仅有个别研究采用了与本研究相同的整体性指标(如李茜,2013,2015),由于这些指标被认为更为科学,因此本研究相比国内的类似研究的发现更具说服力。

(2)严格控制任务复杂度,尽量减少或避免其他任务特征变量对任务复杂度效应的影响。由于任务通常具有多维的特点,考察任务复杂度对学习者产出的影响,重要的一点就是严格控制任务复杂度。国内研究应努力摆脱使用任务类型控制任务复杂度,同时在实施任务时尽量避免资源分散型变量(如构想时间)带来的影响。

(3)努力尝试探究任务复杂度对学习者产出心理特征的影响。考察学习者任务产出的心理特征能够为进一步了解学习者注意资源分配提供宝贵的实证依据,本研究中采用刺激性回想的方式收集所需要的数据,为该领域的类似研究提供了方法论上的重要参考。

7.2.3 对语言测评的启示

测评的核心问题就是有一个能够确保获得的数据尽可能有效的抽样框架以便能够将结果进行概化。然而,在表现性测评中要做到这一点是相当困难的,因为测试者需要首先决定要获取学习者的何种表现。Skehan(2011)指出,与分散型项目测试不同,基于任务表现的测试很难评定其难度的等级,因此,基于任务的测试开发非常困难。

本研究发现,元素多少变量和推理需求变量对学习者的任务表现可能存在不同的影响,同时,言语概念化阶段与形式化阶段难度的不同也会产生不同的影响。由于口语任务具有多维的难度等级特点,测试者应该充分考虑不同变量对于任务产出概念化阶段和形式化阶段的影响,设计成套的任务测试。测试者可以依据任务复杂度变量的不同设计不同的任务测试,同时,就某一个复杂度变量而言,可以从概念化阶段和形式化阶段对难度进行控制。测试者可以固定某一任务在概念化阶段的难度,而通过调整形式化阶段的难度控制整个任务的难度。例如,就本研究涉及的推理需求变量而言,测试者可以采用本研究中的复杂任务版本,即要求学习者完成图片排序任务,但可以通过给予学习者不同的准备时间等方式调整任务产出形式化阶段的难度。测试者在设计任务时还应充分考虑到任务复杂程度的影响,应该确保口语任务所涉及的元素数量与推理需求相当。

7.3　本研究的贡献

本研究的贡献主要体现在以下几个方面。

理论上：① 本研究进一步丰富了外语环境下任务研究的成果，为当前任务研究领域的相关假设提供了实证依据。同时，提出的新观点对相关假设进行了进一步的补充。② 揭示了任务复杂度对中国英语学习者口语产出心理特征的影响，这在一定程度上拓宽了任务复杂度研究内容，同时弥补了已有的绝大部分研究仅靠思辨推导理解学习者注意资源分配机制的不足。③ 基于对学习者口语产出心理特征和产出结果的考察和分析，提出了任务复杂度对学习者口语产出的影响机制。该机制清晰地体现出任务复杂度如何通过言语产出的不同阶段对学习者语言产出产生影响。

实践上：① 本研究发现任务复杂度对学习者口语产出结果可能存在不同的影响，涉及更多元素的变量可以给学习者提供更多产出语言的机会，而推理需求更高的任务可能有助于促进学习者具体目的语结构的产出。这一发现对教师合理选择任务以有效促进学习者的语言产出与学习具有指导意义。② 本研究关于学习者口语产出心理过程的考察同样对国内的英语教学实践具有重要启发。除了强调在实际教学中教师应注重培养学习者对自身产出语言的监控意识，本研究还就如何培养这种监控意识提出了相应的建议。③ 研究结果也能够为任务大纲设计、教材编写以及任务型测试等提供参考依据。

方法上：① 本研究采用刺激性回想的方式探究学习者口语产出过程能够为未来研究提供方法上的参考。目前，二语习得研究领域越来越多地关注学习者的语言习得认知过程（如阅读过程、写作过程）。作为内省方法的重要一种，刺激性回想方法已经受到国外二语习得研究领域的认可，但是国内使用该法的研究仍然非常罕见。因此，感兴趣的研究者可以参考本研究中的具体做法使用刺激性回想收集研究数据。② 本研究采用整体性指标和具体性指标相结合的方式衡量学习者产出结果也可以为国内研究提供借鉴意义。例如，使用 AS 单位作为基本的句法切分单位，使用 D 值和 Lambda 值衡量学习者词汇多样性和复杂性，这些做法都可以给国内的任务研究者提供借鉴。

7.4 研究的局限性

本研究主要存在以下不足之处。

第一,由于口语产出的研究中对语料的收集与分析耗时费力,二语任务研究领域大部分研究涉及的样本都不是很大。同样地,受客观条件以及主观因素的限制,本研究涉及的样本较小。尤其是,在考察学习者任务产出过程时,本研究仅选取了 10 名受试。因此,本研究关于学习者口语任务产出过程的考察仅能视为一种有益的尝试。当然,本研究提出的任务复杂度影响机制框架也是探索性的,该框架的适用性需要研究者纳入更大的受试样本进行验证。

第二,与二语任务研究领域的大部分研究一致,本研究采用二分法的方式将口语任务区分为简单和复杂版本。但是,学习者对两个版本的任务感知问卷感知结果差别并不够大。该结果表明,本研究所使用的简单任务和复杂任务的复杂度差异可能不够大。换言之,如果复杂任务对于学习者而言复杂度程度不够高,就可能无法产生预期的效应。

第三,虽然刺激性回想的方法适合探究学习者的心理活动,但是本研究仅采用了刺激性回想这一种方式考察学习者任务产出心理特征,这种相对单一的数据收集方式可能会使研究者获得的信息不够全面,从而可能影响到对学习者心理特征的统计、分析和解读。而且,研究者本人使用刺激性回想方法的能力也有待进一步提高。

第四,本研究虽然使用了具体性产出指标衡量学习者在任务产出中的表现,但是仅采用了连词使用状况这一项指标。由于目前学者们对具体性指标的确定仍然处于探索阶段,所以本研究采用的具体性指标可能无法全面地反映出任务复杂度的效应。

7.5 对未来研究的建议

鉴于本研究存在的以上几点不足,未来研究可以在以下方面进行进一步的探索。

第一,扩大研究样本,尤其是在考察学习者任务产出心理过程时,未来研究有必要纳入更多的研究受试。基于更大样本的研究结果将能够更加科学全面地反映任务复杂度对学习者产出结果的影响,得出的结果也将更具说服力。

第二,尝试将研究所使用的口语任务划分为三个或更多等级,这样便有可能更准确地捕捉到任务复杂度对学习者产出的影响。这一点虽然已经得到个别研究的验证,但由于任务设计的困难,绝大多数研究都采用了跟本研究相同的二分法。因此,未来研究有必要在任务设计上进行改进。

第三,虽然本研究采用了整体性指标和具体性指标相结合的方式,但是未来研究仍然有必要纳入更多衡量指标。Norris & Ortega(2009)等研究者建议从多维度衡量语言产出,比如功能语言学视角。此外,未来研究可以尝试使用更多与任务相关的具体性指标。

第四,本研究对任务复杂度的操作化定义与目前二语任务研究领域的普遍做法一致,但是近年来逐渐有研究者意识到这种方式未必真正科学(如Norris & Ortega,2009;Michel,2011;Révész,2014)。因此,未来研究需要采用更为客观的方法确定任务的复杂度。Michel(2011)认为,应该确定某项任务的认知加工量,而计算机科学和认知心理学等研究成果或许能够为确定任务的内在认知负荷提供有价值的参考。

第五,任务以及任务特点不能独立于学习者的能力起作用,所有的学习都是任务内在的认知复杂度与学习者认知能力和情感特征之间复杂互动的结果(Robinson,2011)。因此,考察学习者个体差异对任务复杂度效应的影响尤为必要,未来研究可以尝试在此方面做出努力。

参考文献

Ahmadian, M. J., Abdolrezapour, P. & Ketabi, S. Task difficulty and self-repair behavior in second language oral production[J]. *International Journal of Applied Linguistics*, 2012, *22*(3): 310-330.

Albert, Á. *Creativity and Task Performance*[D]. Budapest:Eötvös Loránd University, 2007.

Anderson, J. R. *Cognitive Psychology and Its Implications*[M]. New York: Worth Press, 2000.

Bachman, L. F. Some reflections on task-based language performance assessment[J]. *Language Testing*, 2002, *19*(4): 453-476.

Bachman, L. F. & Palmer, A. S. *Language Testing in Practice: Designing and Developing Useful Language Tests*[M]. Oxford: Oxford University Press, 1996.

Baddeley, A. Working memory and language: An overview[J]. *Journal of Communication Disorders*, 2003, *36*(3): 189-208.

Bardovi-Harlig, K. *Tense and Aspect*[M]. Boston: Blackwell Publishing Ltd., 2000.

Bereiter, C. & Scardamalia, M. *The Psychology of Written Composition*[M]. Hillsdale: Lawrence Erlbaum, 1987.

Breen, M. P. Contemporary paradigms in syllabus design[J]. *Language Teaching*, 1987, *20*(2): 81-92.

Brindley, G. Factors affecting task difficulty[C]//Nunan, D. (Ed.). *Guidelines for the Development of Curriculum Resources*. Adelaide: National Curriculum Resource Centre, 1987: 45-46.

Brindley, G. Task-centred assessment in language learning: the promise and the challenge[C]//Bird, N., Falvey, P., Tsui, A., Allison, D. and McNeill, A., (Eds.). *Language and Learning: Papers Presented at the Annual International Language in Education Conference*. Hong Kong: Hong Kong Education

Department, 1994: 73-94.

Broadbent, D. E. *Perception and Communication* [M]. Oxford: Pergamon, 1958.

Brown, G., Anderson, A., Yule, G. & Shillcock, R. *Teaching Talk* [M]. Cambridge: Cambridge University Press, 1984.

Brown, G. & Yule, G. *Teaching the Spoken Language* [M]. Cambridge: Cambridge University Press, 1983.

Brown, J. D. & Rodgers, T. *Doing Second Language Research* [M]. Oxford: Oxford University Press, 2002.

Bygate, M. & Samuda, V. Integrative planning through the use of task repetition [C] // Ellis, R. (Ed.). *Planning and Task Performance in a Second Language: Language Learning and Language Teaching*. Amsterdam: John Benjamins, 2005: 37-74.

Bygate, M., Norris, J. M. & van den Branden. Series editors' preface to volume 5 [C] // Skehan, P. (Ed.). *Processing Perspectives on Task Performance*. Amsterdam: John Benjamins, 2014: ix-x.

Cadierno, T. Learning to talk about motion in a foreign language [C] // Robinson, P. & Ellis, N. C. (Eds). *Handbook of Cognitive Linguistics and Second Language Acquisition*. London: Routledge, 2008: 239-275.

Carlson, R. A. & Dulany, D. E. Conscious attention and abstraction in concept learning [J]. *Journal of Experimental Psychology: Learning, Memory, and Cognition*, 1985, *11*(1): 45-58.

Carr, T. H. & Curran, T. Cognitive factors in learning about structured sequences [J]. *Studies in Second Language Acquisition*, 1994, *16*(2): 205-230.

Choong, K. P. Task complexity and linguistic complexity: An exploratory study [J]. *Working Papers in TESOL and Applied Linguistics*, 2011(11): 1-28.

Colman, A. M. *Oxford Dictionary of Psychology* [M]. Oxford: Oxford University Press, 2006.

Cook, V. Linguistic Relativity and Language Teaching [C] // Cook, V. & Bassetti, A. *Language and Bilingual Cognition*. New York: Psychology Press, 2011: 509-518.

Crespo, M. R. *The Effects of Task Complexity on L2 Oral Production as Mediated by Differences in Working Memory Capacity*[D]. Barcelona: University of Barcelona, 2011.

Crookes, G. V. Task classification: A cross-disciplinary review[M]. *Technical Report (4)*. Honolulu, Center for Second Language Research, Social Science Research Institute, University of Hawaii at Manoa, 1986.

De Bot, K. A bilingual production model: Levelt's speaking model adapted[J]. *Applied Linguistics*, 1992, *13*(1): 1-24.

Dell, G. S. A spreading activation theory of retrieval in sentence production[J]. *Psychological Review*, 1986(93): 283-321.

Diessel, H. *The Acquisition of Complex Sentences*[M]. Cambridge: Cambridge University Press, 2004.

Dörnyei, Z. On the teachability of communication strategies[J]. *TESOL Quarterly*, 1995, *29*(1): 55-85.

Doughty, C. Cognitive underpinnings of focus on form[C]// Robinson, R. (Ed.). *Cognition and Second Language Instruction*. Cambridge: Cambridge University Press, 2001: 206-257.

Ellis, R. Interlanguage variability in narrative discourse: Style shifting in the use of the past tense[J]. *Studies in Second Language Acquisition*, 1987, *9*(1): 1-20.

Ellis, R. *Task-Based Language Learning and Teaching*[M]. Oxford: Oxford University Press, 2003.

Ellis, R. *Planning and Task Performance in a Second Language(Vol.11)*[M]. Amsterdam: John Benjamins, 2005.

Ellis, R. & Barkhuizen, G. P. *Analyzing Learner Language*[M].Oxford: Oxford University Press, 2005.

Ellis, R. & Yuan, F. The effects of planning on fluency, complexity, and accuracy in second language narrative writing[J]. *Studies in Second Language Acquisition*, 2004, *26*(1): 59-84.

Ericsson, K. A. & Simon, H. A. Verbal reports as data[J]. *Psychological Review*, 1980(87): 215-251.

Fathman, A. K. Repetition and correction as an indication of speech planning and execution processes among second language learners[C]// Dechert, H. W. & M., Raupach (Eds.). *Towards a Crosslinguistic Assessment of Speech Production*. Pieterlen: Peter Lang, 1980: 77-85.

Foster, P. & Skehan, P. The influence of planning and task type on second language performance[J]. *Studies in Second Language Acquisition*, 1996, *18*(3): 299-323.

Foster, P., Tonkyn, A. & Wigglesworth, G. Measuring spoken language: A unit for all reasons[J]. *Applied Linguistics*, 2000, *21*(3): 354-375.

Frear, M. W. & Bitchener, J. The effects of cognitive task complexity on writing complexity[J]. *Journal of Second Language Writing*, 2015(30): 45-57.

Gan, Z. Task type and linguistic performance in school-based assessment situation[J]. *Linguistics and Education*, 2013, *24*(4): 535-544.

Garman, M. *Psycholinguistics*[M]. New York: Cambridge University Press, 1990.

Garrett, M. F. Levels of processing in sentence production[C]// Butterworth, B. (Ed.). *Language Production*. London: Academic Press, 1980: 121-139.

Gass, S. M. & Mackey, A. *Stimulated Recall Methodology in Second Language Research*[M]. London: Routledge, 2000.

Gilabert, R. *Task Complexity and L2 Narrative Oral Production*[D]. Barcelona: University of Barcelona, 2005.

Gilabert, R. Effects of manipulating task complexity on self-repairs during L2 oral production[J]. *IRAL-International Review of Applied Linguistics in Language Teaching*, 2007, *45*(3): 215-240.

Gilabert, R. The simultaneous manipulation of task complexity along planning time and [+/−Here-and-Now]: Effects on L2 oral production[C]//Garcfa-Mayo, M. P. (Ed.). *Investigating Tasks Informal Language Settings*. Clevedon: Multilingual Matters, 2007: 27-43.

Gilabert, R., Barón, J. & Levkina, M. Manipulating task complexity across task types and modes[C]//Robinson, R. (Ed.). *Second Language Task Complexity: Researching the Cognition Hypothesis of Language Learning and Performance*. Amsterdam: John Benjamins, 2011: 105-140.

Givon, T. Function, structure, and language acquisition[C]// Slobin, D. (Ed.). *The Crosslinguistic Study of Language Acquisition*. Hillsdale: Lawrence Erlbaum, 1985:1008-1025.

Givon, T. *Mind, Code and Context: Essays in Pragmatics*[M]. Hillsdale: Lawrence Erlbaum, 1989.

Halford, G. S., Cowan, N. & Andrews, G. Separating cognitive capacity from knowledge: A new hypothesis[J]. *Trends in Cognitive Sciences*, 2007, *11*(6): 236-242.

Hammerly, H. *Fluency and Accuracy: Toward Balance in Language Teaching and Learning*[M]. Bristol: Multilingual Matters, 1991.

Hinofotis, F. B. Cloze as an alternative method of ESL placement and proficiency testing[C]//Oller, J. W. & Perkins, K. (Eds.). *Research in Language Testing*. Rowley: Newbury House, 1980: 121-128.

Huitt, W. The information processing approach to cognition[EB/OL]. *Educational Psychology Interactive*, Valdosta: Valdosta State University, 2003. [2022-09-20]. http://www. edpsycinteractive. org/topics/cognition/infoproc. html.

Hulstijn, J. H. A comparison between the information-processing and the analysis/control approaches to language learning[J]. *Applied Linguistics*, 1990, *11*(1): 30-45.

Hulstijn, J. H. & Hulstijn, W. Grammatical errors as a function of processing constraints and explicit knowledge[J]. *Language Learning*, 1984, *34*(1): 23-43.

Hunt, K. W. Grammatical structures written at three grade levels[J]. *NCTE Research Report,* 1965(3): 176.

Ishikawa, T. The effect of manipulating task complexity along the [+/−Here-and-Now] dimension on L2 written narrative discourse[C]// Garcia-Mayo, M. P. (Ed.). *Investigating Tasks in Formal Language Learning*. Clevedon: Multilingual Matters, 2007:136-156.

Ishikawa, T. The effect of task demands of intentional reasoning on L2 speech performance[J]. *The Journal of Asia TEFL*, 2008, *5*(1): 29-63.

Iwashita, N., McNamara, T. & Elder, C. Can we predict task difficulty in an oral proficiency test? Exploring the potential of an information-processing approach to task design[J]. *Language Learning*, 2001, *51*(3): 401-436.

Jackson, D. O. & Suethanapornkul, S. The cognition hypothesis: A synthesis and meta-analysis of research on second language task complexity[J]. *Language Learning*, 2013, *63*(2): 330-367.

Kahneman, D. *Attention and Effort*[M]. Englewood Cliffs: Prentice Hall, 1973.

Khabbazbashi, N. Topic and background knowledge effects on performance in speaking assessment[J]. *Language Testing*, 2017, *34*(1): 23-48.

Kihlstrom, J. F. Conscious, subconscious, unconscious: A cognitive perspective[C]// Bowers, K. S. & D. Meichenbaum (Eds.). *The Unconscious Reconsidered*. New York: Wiley, 1984: 149-211.

Kim, Y. *The Role of Task Complexity and Pair Grouping on the Occurrence of Learning Opportunities and L2 Development*[D]. Flagstaff: Northern Arizona University, 2009.

Kim, Y. Task complexity, learning opportunities, and Korean EFL learners' question development[J]. *Studies in Second Language Acquisition*, 2012, *34*(4): 627-658.

Kormos, J. Monitoring and self-repair in L2[J]. *Language Learning*, 1999, *49*(2): 303-342.

Kormos, J. *Speech Production and Second Language Acquisition*[M]. Mahwah: Lawrence Erlbaum, 2006.

Kormos, J. Task complexity and linguistic and discourse features of narrative writing performance[J]. *Journal of Second Language Writing*, 2011, *20*(2): 148-161.

Kormos, J. & Trebits, A. Working memory capacity and narrative task performance[C]// Robinson, P. (Ed.). *Second Language Task Complexity: Researching the Cognition Hypothesis of Language Learning and Performance*. Amterdam: John Benjamins, 2011: 267-285.

Kroll, J. F. & Dijkstra, A. The bilingual lexicon[C]// Kaplan, R. (Ed.). *Handbook of Applied Linguistics*. Oxford: Oxford University Press, 2002: 301-321.

Kuiken, F., Mos, M. & Vedder, I. Cognitive task complexity and second language writing performance[C]//. Foster-Cohen, S., Garcia-Mayo, M. P. & Cenoz,

J. (Eds.). *Eurosla Yearbook*. Amsterdam: John Benjamins, 2005: 195-222.

Kuiken, F. & Vedder, I. Task complexity and measures of linguistic performance in L2 writing [J]. *IRAL-International Review of Applied Linguistics in Language Teaching*, 2007, *45*(3): 261-284.

Kuiken, F. & I. Vedder. Cognitive task complexity and written output in Italian and French as a foreign language[J]. *Journal of Second Language Writing*, 2008, *17*(1): 48-60.

Lantolf, J. P. SLA theory building: "Letting all the flowers bloom!"[J]. *Language Learning*, 1996, *46*(4): 713-749.

Lantolf, James (Ed.). *Sociocultural Theory and Second Language Learning*[M]. Oxford: Oxford University Press, 2000.

Larsen-Freeman, D. The emergence of complexity, fluency, and accuracy in the oral and written production of five Chinese learners of English[J]. *Applied Linguistics*, 2006, *27*(4): 590-619.

Larsen-Freeman, D. Adjusting expectations: the study of complexity, accuracy, and fluency in second language acquisition[J]. *Applied Linguistics*, 2009, *30*(4): 579-589.

Laufer, B. & Nation, P. Vocabulary size and use: Lexical richness in L2 written production[J]. *Applied Linguistics*, 1995, *16*(3): 307-322.

Lee, J. F., Cadierno, T., Glass, W. R. & VanPatten, B. The Effects of Lexical and Grammatical Cues on Processing Past Temporal Reference in Second Language Input[J]. *Applied Language Learning*, 1997, *8*(1): 1-23.

Lee, Y. G. *Effects of Task Complexity on the Complexity and Accuracy of Oral Production in L2 Korean*[D]. Manoa: University of Hawaii, 2002.

Lennon, P. Investigating fluency in EFL: A quantitative approach[J]. *Language Learning*, 1990, *40*(3): 387-417.

Levelt, W. J. Monitoring and self-repair in speech[J]. *Cognition*, 1983, *14*(1): 41-104.

Levelt, W. J. M. *Speaking: From Intention to Articulation*[M]. Cambridge: MIT Press, 1989.

Levelt, W. J. M. Language production: A blueprint of the speaker[C]// Brown, C. & Hagoort, P. (Eds.). *Neurocognition of Language*. Oxford: Oxford University Press, 1999: 83-122.

Li, Q. Get it right in the end: The effects of post-task transcribing on learners' oral performance[C]// Skehan, P. (Ed.). *Processing Perspectives on Task Performance* (*Vol.5*). Amsterdam: John Benjamins, 2014: 129-154.

Loewen, S. Incidental focus on form and second language learning[J]. *Studies in Second Language Acquisition*, 2005, *27*(3): 361-386.

Logan, G. D. Toward an instance theory of automatization[J]. *Psychological Review*, 1988, *95*(4): 492.

Long, M. A role for instruction in second language acquisition: Task-based language teaching[C]// Hyltenstam, K. & Pienemann, M. (Eds.). *Modeling and Assessing Second Language Acquisition*. Clevedon: Multilingual Matters, 1985: 77-99.

Long, M. Task, group, and task-group interactions[J]. *University of Hawaii Working Papers in ESL*, 1989(8): 1-25.

Long, M. Focus on form: A design feature in language teaching methodology[C]// Bot, K. Ginsberg, R. & Kramsch, C. (Eds.). *Foreign Language Research in Cross-Cultural Perspective*. Amsterdam: John Benjamins, 1991: 39-52.

Long, M. The role of the linguistic environment in second language acquisition[C]// Ritchie, W. C. & Bhatia, T. K. (Eds.). *Handbook of Research on Language Acquisition*. New York: Academic Press, 1996: 413-468.

Long, M. *Problems in SLA*[M]. Mahwah: Lawrence Erlbaum, 2007.

Long, M. *Second Language Acquisition and Task-Based Language Teaching*[M]. New York: John Wiley & Sons, 2015.

Long, M. & Robinson, P. Focus on form: Theory, research, and practice[C]// Doughty, C. & Williams, J. (Eds.). *Focus on Form in Classroom Second Language Acquisition*. Cambridge: Cambridge University Press, 1988: 15-41.

Long, M., & Crookes, G. Three approaches to task-based syllabus design[J]. *TESOL Quarterly*, 1992, *26*(1): 27-56.

Loschky, L. & Bley-Vroman, R. Grammar and task-based methodology[C]//

Crookes, G. & Gass, S.. *Tasks and Language Learning: Integrating Theory and Practice*. Clevedon: Multilingual Matters, 1993: 123-167.

Luo, S. *Re-examining Factors That Affect Task Difficulty in TBLA*[M]. Shanghai: Shanghai Foreign Language Education Press, 2009.

Lynch, T. Seeing what they meant: Transcribing as a route to noticing[J]. *ELT Journal*, 2001, *55*(2): 124-132.

Lynch, T. Learning from the transcripts of an oral communication task[J]. *ELT Journal*, 2007, *61*(4): 311-320.

Mackey, A. Foreword[C]// Garcia-Mayo, M. P. (Ed.). *Investigating Tasks in Formal Language Setting*. Clevedon: Multilingual Matters, 2007: vii-x.

Mackey, A., Gass, S. & McDonough, K. How do learners perceive interactional feedback?[J]. *Studies in Second Language Acquisition*, 2000, *22*(4): 471-497.

Mackey, A. & Philp, J. Conversational interaction and second language development: Recasts, responses, and red herrings?[J]. *The Modern Language Journal*, 1998, *82*(3): 338-356.

Macwhinney, B. *The CHILDES Project: Tools for Analyzing Talk*[M]. 3rd edition. Mahwah: Lawrence Erlbaum, 2000.

McLaughlin, B. Restructuring[J]. *Applied Linguistics*, 1990, *11*(2): 113-128.

McLaughlin, B., Rossman, T. & McLeod, B. Second language learning: An information processing perspective[J]. *Language Learning*, 1983, *33*(2): 135-158.

McNamara, T. F. *Measuring Second Language Performance*[M]. Longdon: Longman, 1996.

Meara, P. & Bell, H. P-Lex: A simple and effective way of describing the lexical characteristics of short L2 texts[J]. *Prospect*, 2001, *16*(3): 5-19.

Meisel, J. Reference to past events and actions in the development of natural second language acquisition[C]// Pfaff, F. (Ed.). *First and Second Language Acquisition Processes*. New York: Newbury House, 1987: 206-224.

Michel, M. C. *Cognitive and Interactive Aspects of Task-Based Performance in Dutch as a Second Language*[M].Oisterwijk: BOX Press, 2011.

Michel, M. C. The use of conjunctions in cognitively simple versus complex oral L2 tasks[J]. *The Modern Language Journal*, 2013, *97*(1): 178-195.

Michel, M. C., F. Kuiken. & Vedder, I. The influence of complexity in monologic versus dialogic tasks in Dutch L2[J]. *International Review of Applied Linguistics*, 2007, *45*(3): 241-259.

Mitchell, R., Myles, F. & Marsden, E. *Second Language Learning Theories*[M]. London: Routledge, 2013.

Mora, J. C. & Valls-Ferrer, M. Oral fluency, accuracy, and complexity in formal instruction and study abroad learning contexts[J]. *TESOL Quarterly*, 2012, *46*(4): 610-641.

Nation, L. S. P. *Teaching and Learning Vocabulary*[M]. New York: Newbury House, 1990.

Navon, D. Resources: A theoretical soup stone?[J]. *Psychological Review*, 1984, *91*(2): 216-234.

Niwa, Y. *Reasoning Demands of L2 Tasks and L2 Narrative Production: Effects of Individual Differences in Working Memory, Intelligence, and Aptitude*[D]. Tokyo: Aoyama Gakuin University, 2000.

Norris, J. M. Understanding instructed SLA: Constructs, contexts, and consequences[R].Plenary address delivered at the annual conference of the European Second Language Association (EUROSLA), Reggio Emilia, Italy, 2010.

Norris, J. M., Brown, J. D., Hudson, T. D. & Bonk, W. Examinee abilities and task difficulty in task-based second language performance assessment[J]. *Language Testing*, 2002, *19*(4): 395-418.

Norris. J. M. & Ortega, L. Towards an organic approach to investigating CAF in instructed SLA: The case of complexity[J]. *Applied Linguistics*, 2009, *30*(4): 558-578.

Nuevo, A. M. *Task Complexity and Interaction: L2 Learning Opportunities and Development*[D].Washington: Georgetown University, 2006.

Nunan, D. *Designing Tasks for the Communicative Classroom*[M]. Cambridge:

Cambridge University Press, 1989.

O'Malley, J. M. & Chamot, A. U. *Learning Strategies in Second Language Acquisition*[M]. Cambridge: Cambridge University Press, 1990.

Ortega, L. What do learners plan? Learner-driven attention to form during pre-task planning[C]// Ellis, R. (Ed.). *Planning and Task Performance in a Second Language*. Amsterdam: John Benjamins, 2005: 77-109.

Oxford, R. *Language Learning Strategies: What Every Teacher Should Know*[M]. Rowley: Newbury House, 1990.

Pallotti, G. CAF: Defining, redefining and differentiating constructs[J]. *Applied Linguistics*, 2009, *30*(4): 590-601.

Pang, F. & Skehan, P. Self-reported planning behavior and second language performance in narrative retelling[C]// Skehan, P. (Ed.). *Processing Perspectives on Task Performance*. Amsterdam: John Benjamins, 2014: 95-127.

Perdue, C. *Adult Language Acquisition: Cross-Linguistic Perspectives*[M]. Cambridge: Cambridge University Press, 1993.

Pica, T., Kanagy, R. & Falodun, J. Choosing and using communication tasks for second language instruction and research[C]// Crookes, G. & Gass, S. (Eds.). *Tasks and Language Learning: Integrating Theory and Practice*. Philadelphia: Multilingual Matters, 1993: 9-34.

Pienemann, M. Developmental dynamics in L1 and L2 acquisition: Processability Theory and generative entrenchment[J]. *Bilingualism: Language and Cognition*, 1998, *1*(1): 1-20.

Plonsky, L. & Oswald, F. L. How to do a meta-analysis[C]// Mackey, A. & Gass, S. (Eds.). *Research Methods in Second Language Acquisition: A Practical Guide*. London: Blackwell, 2012: 275-295.

Polio, C., Gass, S. & Chapin, L. Using stimulated recall to investigate native speaker perceptions in native-nonnative speaker interaction[J]. *Studies in Second Language Acquisition*, 2006, *28*(2): 237-267.

Poulisse, N. *Slips of the Tongue: Speech Errors in First and Second Language Production (Vol.20)*[M]. Amsterdam: John Benjamins, 1999.

Prabhu, N. S. *Second Language Pedagogy (Vol.20)*[M]. Oxford: Oxford University Press, 1987.

Rahimpour, M. *Task Condition, Task Complexity, and Variation in L2 Discourse*[D]. Brisbane: University of Queensland, 1997.

Read, J. *Assessing Vocabulary*[M]. Cambridge: Cambridge University Press, 2000.

Révész, A. *Focus on Form in Task-Based Language Teaching: Recasts, Task Complexity, and L2 Learning*[D]. New York: Columbia University, 2007.

Révész, A. Task complexity, focus on L2 constructions, and individual differences: a classroom-based study[J]. *The Modern Language Journal*, 2011, *95*(s1): 162-181.

Révész, A. Towards a fuller assessment of cognitive models of task-based learning: investigating task-generated cognitive demands and processes[J]. *Applied Linguistics*, 2014, *35*(1): 87-92.

Révész, A., Sachs, R. & Hama, M. The effects of task complexity and input frequency on the acquisition of the past counterfactual construction through recasts[J]. *Language Learning*, 2014, *64*(3): 615-650.

Révész, A., Kourtali, N. E. & Mazgutova, D. Effects of task complexity on L2 writing behaviors and linguistic complexity[J]. *Language Learning*, 2017, *67*(1): 208-241.

Riazantseva, A. Second language proficiency and pausing a study of Russian speakers of English[J]. *Studies in Second Language Acquisition*, 2001, *23*(4): 497-526.

Richards, J. C. *Curriculum Development in Language Teaching*[M]. New York: Cambridge University Press, 2001.

Robinson, P. Task complexity and second language narrative discourse[J]. *Language Learning*, 1995, *45*(1): 99-140.

Robinson, P. Task complexity, task difficulty, and task production: Exploring interactions in a componential framework[J]. *Applied Linguistics*, 2001a, *22*(1): 27-57.

Robinson, P. Task complexity, cognitive resources, and syllabus design: A triadic framework for examining task influences on SLA[C]// Robinson, P. (Ed.). *Cognition and Second Language Instruction.* Cambridge: Cambridge University Press, 2001b: 287-318.

Robinson, P. Attention and memory during SLA[C]// Doughty, C. & Long, M. (Eds.). *The Handbook of Second Language Acquisition.* Oxford: Blackwell, 2003: 631-678.

Robinson, P. Cognitive complexity and task sequencing: Studies in a componential framework for second language task design[J]. *International Review of Applied Linguistics,* 2005, *43*(1): 1-32.

Robinson, P. Criteria for classifying and sequencing pedagogic tasks[C]// Garcfa-Mayo, M. P. (Ed.). *Investigating Tasks Informal Language Settings.* Clevedon: Multilingual Matters, 2007a: 7-26.

Robinson, P. Task complexity, theory of mind, and intentional reasoning: Effects on L2 speech production, interaction, uptake, and perceptions of task difficulty[J]. *International Review of Applied Linguistics,* 2007b, *45*(3): 193-213.

Robinson, P. Situating and distributing cognition across task demands: The SSARC model of pedagogic task sequencing[C]// Putz, M. & Sicola, L. (Eds.). *Cognitive Processing in Second Language Acquisition: Inside the Learner's Mind.* Amsterdam: John Benjamins, 2010: 243-268.

Robinson, P. *Second Language Task Complexity: Researching the Cognition Hypothesis of Language Learning and Performance*[M]. Amsterdam: John Benjamins, 2011.

Robinson, P. & Ellis, N. C. *Handbook of Cognitive Linguistics and Second Language Acquisition*[J]. London: Routledge, 2008.

Robinson, P., Cadierno. T. & Shirai, Y. Time and motion: Measuring the effects of the conceptual demands of tasks on second language speech production[J]. *Applied Linguistics,* 2009, *30*(4): 533-554.

Rohdenburg, G. Processing complexity and the variable use of prepositions in English[C]// Ballerman, H. (Ed.). *Perspectives on Prepositions.* Tubingen: Gunter Narr, 2002: 79-101.

Russell, J. & Spada, N. The effectiveness of corrective feedback for the acquisition of L2 grammar[C]// Norris, M. & Ortega, L. (Eds.). *Synthesizing Research on Language Learning and Teaching*. Cambridge: Cambridge University Press, 2006: 133-164.

Salimi, A. & Dadashpour, S. Task complexity and SL development: Does task complexity matter?[J]. *Procedia-Social and Behavioral Sciences*, 2012(46): 726-735.

Samuda, V. & Bygate, M. *Tasks in Second Language Learning*[M]. Basingstoke: Palgrave Macmillan, 2008.

Sanell, A. *Parcours Acquisitionnel De La Négation Et De Quelques Particules De Portée En FrançAis L2*[M]. Stockholm: Institutionen för franska, italienska och klassiska språk, Stockholms universitet, 2007.

Sato, C. *The Syntax of Conversation in Interlanguage Development*[M]. Tubingen: Gunter Narr, 1990.

Scardamalia, M. & Bereiter, C. Knowledge telling and knowledge transforming in written composition[J]. *Advances in Applied Psycholinguistics*, 1987(2): 142-175.

Schmidt, R. Attention[C]// Robinson, P. (Ed.). *Cognition and Second Language Instruction*. New York: Cambridge University Press, 2001: 3-32.

Scovel, T. Why languages do not shape cognition: Psycho- and neurolinguistic evidence[J]. *JALT Journal*, 1991, *13*(1): 43-56.

Shehadeh, A. & Coombe, C. A. (Eds.). *Task-Based Language Teaching in Foreign Language Contexts: Research and Implementation*[M]. Amsterdam: John Benjamins, 2012.

Shiffrin, R. M., Dumais, S. T. & Schneider, W. Characteristics of automatism[J]. *Attention and Performance*, 1981(6): 223-238.

Shirai, Y. The prototype hypothesis of tense-aspect acquisition in second language[C]// Salaberry, R. & Shirai, Y. (Eds.). *The L2 Acquisition of Tense-Aspect Morphology*. Amsterdam: John Benjamins, 2002.

Shriberg, E. E. *Preliminaries to a Theory of Speech Disfluencies*[D]. Berkeley:

University of California, 1994.

Skehan, P. A framework for the implementation of task-based instruction[J]. *Applied Linguistics*, 1996, *17*(1): 38-62.

Skehan, P. *A Cognitive Approach to Language Learning*[M]. Oxford: Oxford University Press, 1998.

Skehan, P. Tasks and language performance assessment[C]// Bygate, M., Skehan, P. & Swain, M. (Eds.). *Researching Pedagogic Tasks: Second Language Learning, Teaching and Testing*. Harlow: Pearson Education, 2001: 167-185.

Skehan, P. Task-based instruction[J]. *Language Teaching*, 2003, *36*(1): 1-14.

Skehan, P. Models of speaking and the assessment of second language proficiency[C]// Benati, A. (Ed.). *Issues in Second Language Proficiency*. London: Continuum, 2009a: 203-215.

Skehan, P. Modelling second language performance: Integrating complexity, accuracy, fluency, and lexis[J]. *Applied Linguistics*, 2009b, *30*(4): 510-532.

Skehan, P. *Researching Tasks: Performance, Assessment and Pedagogy*[M]. Shanghai: Shanghai Foreign Language Education Press, 2011.

Skehan, P. *Processing Perspectives on Task Performance*[M]. Amsterdam: John Benjamins, 2014.

Skehan, P. Limited Attention Capacity and Cognition[C]// Bygate, M. (Ed.). *Domains and Directions in the Development of TBLT*. Amsterdam: John Benjamins, 2015: 123-155.

Skehan, P. & Foster, P. Task type and task processing conditions as influences on foreign language performance[J]. *Language Teaching Research*, 1997, *1*(3): 185-211.

Skehan, P. & Foster, P. The influence of task structure and processing conditions on narrative retellings[J]. *Language Learning*, 1999, *49*(1): 93-120.

Skehan, P. & Foster, P. Cognition and tasks[C]// Robinson, P. (Ed.). *Cognition and Second Language Instruction*. Cambridge: Cambridge University Press, 2001: 183-205.

Skehan, P. & Foster, P. Strategic and on-line planning: The influence of surprise information and task time on second language performance[C]// Ellis, R. (Ed.). *Planning and Task Performance in a Second Language*. Amsterdam: John Benjamins, 2005: 193-216.

Swain, M. & Lapkin, S. Focus on form through collaborative dialogue: Exploring task effects[C]// Bygate, M., Skehan, P. & Swain, M. (Eds.). *Researching Pedagogic Tasks: Second Language Learning, Teaching and Testing*. Harlow: Pearson Education, 2001: 99-118.

Swain, M. Focus on form through conscious reflection[C]// Doughty, C. & Williams, J. (Eds.). *Focus on Form in Classroom Second Language Acquisition*. New York: Cambridge University Press, 1998: 64-81.

Talmy, L. *Toward a Cognitive Semantics: Concept Structuring Systems*[M]. Cambridge: MIT Press, 2000.

Tavakoli, P. & Foster, P. Task design and second language performance: The effect of narrative type on learner output[J]. *Language Learning*, 2011, *61*(s1): 37-72.

Tavakoli, P. & Skehan, P. Strategic planning, task structure, and performance testing[C]// Ellis, R. (Ed.). *Planning and Task-Performance in a Second Language*. Amsterdam: John Benjamins, 2005: 239-273.

Tomlin, R. S. & Villa, V. Attention in cognitive science and second language acquisition[J]. *Studies in Second Language Acquisition*, 1994, *16*(2): 183-203.

Treffers-Daller, J. Language dominance and lexical diversity: How bilinguals and L2 learners differ in their knowledge and use of French lexical and functional items[C]// Richards,B., Daller, M. H., Malvern, D. D., Mera, P., Milton, J. & Treffers-Daller, J. (Eds.). *Vocabulary Studies in First and Second Language Acquisition: The Interface Between Theory and Application*. Hampshire: Palgrave Macmillan, 2009: 74-90.

van den Branden, K. *Task-Based Language Education: From Theory to Practice*[M]. Cambridge: Cambridge University Press, 2006.

VanPatten, B. Attending to form and content in the input[J]. *Studies in Second Language Acquisition*, 1990, *12*(3): 287-301.

VanPatten, B. Evaluating the role of consciousness in SLA: Terms,linguistic features, and research methodology[J]. *AILA Review*, 1994(11): 27-36.

VanPatten, B. *Input Processing and Grammar Instruction in Second Language Acquisition*[M]. Washington: Greenwood Publishing, 1996.

Velmans, M. Is human information processing conscious?[J]. *Behavioral and Brain Sciences*, 1991, *14*(4): 651-669.

Wang, Z. On-line pressure manipulations: L2 speaking performance under five types of planning and repetition conditions[C]// Skehan, P. (Ed.). *Processing Perspectives on Task Performance (Vol.5)*. Amterdam: John Benjamins, 2014: 27-62.

Wickens, C. D. The structure of attentional resources[C]// Nickerson, R. (Ed.). *Attention and Performance VIII*. Hillsdale: Lawrence Erlbaum, 1980: 239-257.

Wickens, C. D. Processing resources and attention[C]// Damos, D. L. (Ed.). *Multiple Task Performances*. London / Washington: Taylor and Francis, 1991: 3-34.

Wickens, C. D. Multiple resources and performance prediction[J]. *Theoretical Issues in Ergonomic Science,* 2002, *3*(3): 159-177.

Wickens, C. D. Attention to the second language[J]. *International Review of Applied Linguistics in Language Teaching,* 2007, *45*(3): 177-191.

Wilkins, D. A. *Linguistics in Language Teaching*[M]. London: Edward Arnold, 1972.

Williams, J. Learner-generated attention to form[J]. *Language Learning*, 1999, *49*(4): 583-625.

Willis, J. *A Framework for Task-Based Learning*[M]. London: Longman, 1996.

Wolfe-Quitero, Inagaki, K. S. & Kim, H. Y. *Second Language Development in Writing: Measures of Fluency, Accuracy, and Complexity*[M]. Honolulu: University of Hawaii Press, 1998.

Yang, W. *Mapping the Relationships among the Cognitive Complexity of Independent Writing Tasks, L2 Writing Quality, and Complexity, Accuracy and Fluency of L2 Writing*[D]. Atlanta: Georgia State University, 2014.

Yuan, F. & Ellis, R. The effects of pre-task planning and on-line planning on fluency, complexity and accuracy in L2 monologic oral production[J]. *Applied Linguistics*, 2003, *24*(1): 1-27.

鲍贵. 英语学习者作文句法复杂性变化研究 [J]. 外语教学与研究, 2009 (4): 291-297.

陈慧媛, 吴旭东. 任务难度与任务条件对 EFL 写作的影响 [J]. 现代外语, 1998 (2): 27-39.

何莲珍, 王敏. 任务复杂度、任务难度及语言水平对中国学生语言表达准确度的影响 [J]. 现代外语, 2003 (2): 171-179.

黄嫱. 任务难度与任务条件对中国非专业英语学习者口语产出的影响 [J]. 天津外国语学院学报, 2009, 16 (1): 67-74.

李茜. 任务后语言形式聚焦对英语学习者口语产出的影响 [J]. 外语教学与研究, 2013 (2): 214-226.

李茜. 任务类型及任务频次对英语学习者口语产出的影响 [J]. 外语与外语教学, 2015 (6): 42-48.

罗少茜. 从认知角度看影响语言测试任务难度的因素 [J]. 基础英语教育, 2008, 10 (6): 25-34.

罗少茜. 影响任务型语言教学中任务难度的社会文化因素 [J]. 中国外语教育, 2010 (2): 52-60.

罗少茜, Skehan. 任务型评价中的任务难度因素 [J]. 中国外语教育, 2008 (1): 65-75.

马冬梅. 中国英语学习者口语产出语言及心理过程特征 [M]. 苏州: 苏州大学出版社, 2013.

穆凤英, 高薇, 张云燕. 中国学生英语口语实词提取与生成特征分析 [J]. 外语教学与研究, 2005 (4): 250-258.

谭利思. 不同口语任务、不同准备条件对口语流利度、准确度和复杂度的影响 [J]. 南京财经大学学报, 2006 (6): 101-104.

谭晓晨, 董荣月. 任务类型和语言水平对英语专业大学生口语准确性和复杂性的影响 [J]. 解放军外国语学院学报, 2007, 30 (5): 54-58.

王静萍. 资源指引型的任务复杂度对二语写作语言表现的影响 [J]. 外语教

学,2013（4）：65-68,104.

王军艳. 任务的时空维度对中国大学英语学习者写作的影响 [D]. 兰州：兰州大学,2012.

王丽萍,吴红云,Zhang Jun Lawrence. 外语写作中任务复杂度对语言复杂度的影响 [J]. 现代外语,2020（4）：503-515.

文秋芳,胡健. 中国大学生英语口语能力发展的规律与特点 [M]. 北京：外语教学与研究出版社,2010.

邢加新. 论二语产出的三个衡量维度——复杂性、准确性、流利性 [J]. 北京化工大学学报,2014（4）：89-92.

邢加新.《任务表现的加工视角》评介 [J]. 中国外语教育,2015（4）：101-104.

邢加新,罗少茜. 任务复杂度对中国英语学习者语言产出影响的元分析研究 [J]. 现代外语,2016（4）：528-538.

徐宏亮. 任务结构与准备条件对学习者口语产出的影响 [J]. 外语与外语教学,2015（1）：45-49.

徐锦芬,陈聪. 认知要求对学习者口语产出质量与注意分配的影响 [J]. 外语与外语教学,2018（6）：42-52.

徐琴芳. 不同任务下的口语准确性研究 [J]. 山东外语教学,2005（6）：65-68.

徐晓燕,王维民,熊燕宇,蒋婧,潘小燕,孙念红. 中国英语专业学生英语议论文句法复杂性研究 [J]. 外语教学与研究,2013（2）：264-275.

闫嵘,张磊. 任务复杂度、任务难度和自我效能感对外语写作的影响 [J]. 外语界,2015（1）：40-47.

俞国良,戴斌荣. 基础心理学 [M]. 武汉：武汉大学出版社,2007.

张烨. 任务构想和任务类型对中国英语学习者语言产出的影响 [D]. 广州：广东外语外贸大学,2006.

张文忠,吴旭东. 第二语言口语流利性发展定量研究 [J]. 现代外语,2001（4）：341-351.

周孝华. 任务复杂度对口语输出准确性及复杂度的影响 [D]. 苏州：苏州大学,2007.

附 录

附录 1　任务指令

1. 你好，非常感谢你参加我的研究！

今天我将请你完成两项口语任务，需要你按照要求对拿到的图片进行叙述。我将先给你发放任务要求，在你阅读完毕之后再给你发放所需要的图片。请你按任务的要求对图片进行叙述。我将对你的讲话进行录音（录像），在任务完成之后，录音文件会被转写和分析。我保证录音文件仅用于研究，不做它用。

请先看一下今天的任务要求。

2. 你对即将开始的任务还有没有不明白的地方？如果没有，我们现在就开始任务。现在我给你发放图片。在你拿到图片之后，请准备两分钟时间。我将为你计时，两分钟时间结束后，请开始按要求对图片进行叙述。

3. 请根据刚才的完成任务的情况完成这份问卷。

附录 2　任务 1 约会竞猜

	Peter		**James**
Age:	24 years	Age:	22 years
Like:	cooking	Like:	reading books
Music:	metal	Music:	Hip-Hop
Sport:	regularly	Sport:	sometimes
Read:	newspaper	Read:	all kinds
Smoking:	sometimes	Smoking:	no

	Susan		**Marry**
Age:	23 years	Age:	23 years
Like:	travelling	Like:	watching movies
Music:	Rock	Music:	classic
Sport:	often	Sport:	never
Read:	little	Read:	many books
Smoking:	sometimes	Smoking:	no

注:为保护个人隐私,出版时隐去了所使用的照片。

请仔细阅读以下内容:

最近某电视台正在播出一档交友约会节目,每期节目有四名选手参加。男女双方经过几分钟时间简单地了解对方之后,他们要选出彼此心仪的对象。若男方和女方同时选中对方,他们便能得到免费去法国巴黎旅行的机会。电视观众也可以参加选手配对竞猜,竞猜正确的观众可以得到一千元人民币的奖励。你和你的朋友 William 决定参加下期节目的场外竞猜。

你将会拿到一组卡片,这组卡片提供了四名选手的照片和个人信息。请根据这些信息选出你认为最有可能配对成功的两名选手。由于 William 碰巧外出,请给他电话留言告知你的选择。电话留言最长时间为三分钟。请务必尽可能详细地说明你做出选择的原因,也请解释你为什么不选择其他选手。

因为你们需要共同做出决定,所以请尽力说服你的朋友。

请在两分钟后开始留言。

附录 3　任务 2 憨豆考试

附录4　任务3手机推荐

Name　　Nokia
Price　　¥2,100
Color　　orange
Size　　137×71×9.8 mm
Weight　167 g
Screen　5.0 inches
Pixel size（像素）2000 万
Max. standby time（待机时间）340 hours

Name　　Samsung
Price　　¥1,999
Color　　white
Size　　148.4×77.4×8.6 mm
Weight　163 g
Screen　5.5 inches
Pixel size（像素）800 万
Max. standby time（待机时间）300 hours

Name　　Sony
Price　　¥2,300
Color　　black
Size　　149×73.3×8.2 mm
Weight　163 g
Screen　5.0 inches
Pixel size（像素）2000 万
Max. standby time（待机时间）300 hours

请仔细阅读以下内容：

你的好朋友 Mary 打算买一部新手机，价格在 2 000 元左右。但是她在好几款手机上面拿不定主意，因此向你求助帮忙做决定。你将拿到一张传单，上面提供了三款手机的图片及简要介绍。请依据传单上提供的信息为 Mary 挑选一款你认为最适合她的手机。

由于 Mary 碰巧外出，请给她电话留言告知你的选择。电话留言最长时间为三分钟。请务必充分利用产品信息和所给时间尽可能详细地说明你做出选择的原因，也请解释你为什么不选择其他产品。

因为你们需要共同做出决定，所以请尽力说服你的朋友。

请在两分钟后开始留言。

附录 5　任务 4 憨豆跳水

● 词汇提示：跳台 diving platform　　梯子 ladder

附录6　任务3和任务4指导语

请仔细阅读以下内容：

你将拿到一组图片，这些图片呈现了一个完整的故事。图片的先后顺序已为你设定好，请仔细观察这些图片，并根据图片反映的信息向我讲述这个故事。假定我并没有看过这组图片，所以请尽可能详细地呈现故事情节。

请在两分钟后开始讲述故事。

请仔细阅读以下内容：

你将拿到一组图片，这些图片呈现了一个完整的故事。不过，这些图片的顺序已经被打乱。请仔细观察这些图片，并按照你认为正确的图片顺序向我讲述这个故事。假定我并没有看过这组图片，所以请尽可能完整地描述图片的信息，并使故事情节合理。

请在两分钟后开始讲述故事。

附录7 任务感知问卷（任务1、3使用）

● 下面有五个句子,请在最符合你实际情况的数字下面用对号标出。

	非常不同意				非常同意
(1) 我觉得这个任务简单。	1	2	3	4	5
(2) 完成这个任务我感到沮丧。	1	2	3	4	5
(3) 这个任务我完成得不好。	1	2	3	4	5
(4) 这个任务没有意思。	1	2	3	4	5
(5) 我想做更多类似的任务。	1	2	3	4	5

附录8 任务感知问卷（任务2、4使用）

● 下面有五个句子,请在最符合你实际情况的数字下面用对号标出。

	非常不同意				非常同意
(1) 我觉得这个任务简单。	1	2	3	4	5
(2) 完成这个任务我感到沮丧。	1	2	3	4	5
(3) 这个任务我完成得不好。	1	2	3	4	5
(4) 这个任务没有意思。	1	2	3	4	5
(5) 我想做更多类似的任务。	1	2	3	4	5

● 刚才的任务所使用的图片选自一部喜剧,你是否看过这部喜剧?（请在符合情况的答案下面打钩）

是 否

● 如果你看过上面所指的这部喜剧,你对刚才的图片所表达的故事情节是否熟悉?（请在符合情况的答案下面打钩）

是 否

附录9 刺激性回想指导语

现在我们一起来看一下刚才录制的视频,在看的过程中请仔细回想你刚才口语产出时的心理活动。当你回忆起什么时,请随时示意我暂停视频,并告诉我你当时的想法。在我们一起看的过程中,我有时也会暂停视频询问你当时的想法,请你如实回答便可。例如,我可能会问:"在这个地方你先说了一个词,后来又更改成了另外一个词,你当时是怎么想的呢?"如果你能回忆起当时的想法,请如实告诉我;如果你回忆不起来了,也请如实回答。

教师提问示例:

● 这个地方你当时是怎么想的?

● 在完成这个任务的过程中你最关注的是什么?单词、语法、观点、句子结构?

● 你是说组织图片顺序?故事结构?

附录 10　录音转写规范

您好,为了保证您的录音转写顺利进行,请仔细阅读以下内容。

● 我们推荐您采用 Soundscriber 软件对您拿到的录音文件进行转写,该软件可直接在 Windows 系统下运行使用。您也可以使用其他的播放器进行转写。

● 录音转写应如实记录说话者的产出内容,包含重复、停顿和自我修正等。短暂停顿以 "…" 表示,填充停顿记录为 um、uh、ah 等。

● 转写文本请严格遵循以下格式顺序:① 录音文件名;② 录音内容;③ 说话时长,具体到秒(此处指实际讲话的时间,并非指录音的时长)。

● 个别地方如果实在听不清楚请以 xxx 代替。

下面为录音文本的转写示例:

T1S16:

Hello, William, I think Mary and Peter is more likely to be a couple, because you know Chinese girl is less likely to choose a boy younger than than her. So James who is twenty two years old is is not like is not likely to be chosen by Mary. Um Peter is elder than her, um and besides they they have many habits in common. Peter like Peter likes cooking, Mary likes watching movies. They they are both uh they are both uh maybe introverted person. Um and Peter likes reading newspaper and Mary likes reading many books. This is also um … similar similar habits.

And um ... ... James like hip-pop hip-pop music. It's maybe too too uh too noisy for Mary to ... uh to ... accept. And ... I I think Peter looks more stunning than James. And Mary is beautiful. So I think um Peter and Mary are more possible to be matched.　(2'20")

附录 11　录音转写示例

T1S01: (1. 47 mins)

I think Jack and Susan will have feeling with each other because they have simi- similar kind er similar taste with music, and they all like sport. And Susan likes travelling, and Jack, in the picture, she is wearing a travel jack jacket, so I think Jack maybe like travel too. I think Susan and Jessica won't choose Tony both, because women don't like the man younger than them. And I think Tony and Jessica er, won't satisfy with each other, because they have too many difference. So I think they should choose Jack and Susan ... er, for the for our final choice. Um, in a word I think Tony and Susan both don't have the ... won't have feeling with each other because... er ... because Tony doesn't smoke and Susan smoke. I think it's a big difference between them, so I think Tony and Susan won't have feeling with each other. Um, Jessica never do sport and Jack like sport, so I don't think they will they will have feeling with each other. That's all.

T2S04: (2. 28 mins)

Um, in this picture there are two man, and uh I will try to clarify them, so I ask the first man to be the gray and the second man to be the blue. And at the first picture the the the gray found hi- the gray and the blue in a ... uh classmate in classroom and they look like they look like uh try to um try to do some uh do a test. And the the gray found um he couldn't um do these problems and he felt very sad. And at the second picture um the gray um want to get this uh the answers about these questions, and he is thinking. And in the third picture the gray want the gray found uh the man the man uh sit near him is the blue, um he wrote the test quickly, so the gray want to um so the gray want to uh want to get answers from him. And he put and he pretend his pen on the road, and he uh put his put his body to get his pen. The blue looked looked him and continue his test. And the gray uh put and the gray put his body on the road and uh close the the blue. Um, the gray closed the blue and uh get get the and looked at the paper of blue, and the blue found him. Um the the the gray was very um the gray was very um worried and pretend he was he he was found hi- he was finding his um pen. And the blue man looked angry and didn't trust didn't believe him. Ok, the story is all.

附录 12 剔除后文本示例

T1S01: (1. 47 mins)

I think Jack and Susan will have feeling with each other because they have similar taste with music, and they all like sport. And Susan likes travelling, and Jack, in the picture, she is wearing a travel jacket, so I think Jack maybe like travel too. I think Susan and Jessica won't choose Tony both, because women don't like the man younger than them. And I think Tony and Jessica won't satisfy with each other, because they have too many difference. So I think they should choose Jack and Susan for our final choice. In a word, I think Tony and Susan both won't have feeling with each other because Tony doesn't smoke and Susan smoke. I think it's a big difference between them, so I think Tony and Susan won't have feeling with each other. Jessica never do sport and Jack like sport, so I don't think they will have feeling with each other.

T1C01: (3. 51 mins)

I think this time is hard to choose. There are six people. At first I think Janet is not satisfied with neither males, because Janet is twenty-five years. And only Martin is bigger than her, but Martin like cooking, and Janet like shopping. I think Janet would like to like material things better, but Martin seems like he is not the man that have more. So I think they are not satisfied. I think Martin and Susan maybe will have feeling with each other, because Susan like travelling, and Martin's picture shows that he is travelling somewhere. And Martin like electronic music and Susan like rock music, the two kinds of music have the similar. but Martin no smoking and Susan smoking sometimes, but it's ok, I think it not matters. And Mary likes classic music, and Peter, James and Martin don't like classic music, so I think Mary will not have interesting in any man. James is too younger, he is younger than any woman. I think a man don't like the woman bigger than them. Peter is twenty-four years old, so the Mary and the Susan will satisfy him. But Mary likes classic music and Mary don't smoke. So they have too many difference. And Peter and Susan, Peter read newspaper and do sports regularly. It seems like that Susan and Peter are satisfied more, because Martin reads books more but Susan read little. So I advise you choose Peter and Susan at last.

附录 13　文本切分标准与产出指标计算方式

请根据所给的标准将下面的文本切分为 AS 单位、子句和从句,并分别统计它们的数量。然后,统计文本包含的错误总数以及无错子句数,无错子句指没有出现句法、形态、词序和用词错误的子句。

AS 单位包括独立句以及主句附带从句或从句成分的句子单位(Foster et al.,2000)。

子句:由一个主语(包括并列主语)和一个限定动词(包括并列的限定动词)组成,包括独立句和从句,以及"语法上独立的述位结构或就问题所给出的回答"(Mehnert,1998:90)。

"一个从句至少应该包含一个限定或者一个非限定式的动词并且附加至少其他的一个子句成分(主语、宾语、补语或者状语)"(Foster et al.,2000:366),从句包括状语从句、定语从句、主语从句、宾语从句、表语从句和同位语从句。

现举例说明如下:

1.　│A man arrives at the house│　　1 AS;1 Clause

2.　│DC_ At the time she was waiting //there comes a bus│　　1 AS;2 Clause

3. ｜The car was driving fast// but had no lights｜　　1 AS；2 Clause

4. ｜The dog // DC_ which has long hair is happy｜　　1 AS；2 Clause

5. ｜They should have their own careers //and they can successfully depend on themselves // DC_ if they can make a living｜　　2 AS；3 Clause

除了上述较容易分辨的情况,在切分 AS 或子句单位时有时要考虑口语中的语调与停顿特征。与已有的研究一致,本研究以降调和 0.5 秒以上作为切分 AS 单位的标准。如:

- ｜Puppy open the door //and call his mate to share the milk｜（两个并列短语之间的停顿不足 0.5 秒）　1 AS；2 Clause

- ｜Jerry helped Tom into the house（1.0）｜//and give some hot water to Tom｜（两个并列结构之间的停顿以降调结束且停顿时间超过 0.5 秒）　2 AS；2 Clause

- ｜and some children they are playing the ball｜　　1 AS；1 Clause

- ｜it's just a matter of passing exams. //｜And especially the basic education ｜（2.0）they have to pass automatically from one grade to another｜（主题性名词短语后为降调且停顿超过 0.5 秒）　3 AS；3 Clause

附录 14　刺激性回想转写及编码示例

T1S01Re:

1. I think Mary and James are fit for each other, because you can see um their their age are similar and they don't like smoking.　pre-fm-how-voc

这里开始想说他们年纪相仿,年纪相仿有点忘了怎么说,一开始 similar 这个单词没想起来。

2. If Mary Mary with Peter,　pre-fm-how-voc

我想说她俩如果和 Peter 配对,但是配对这个词我不会说,我就用了 with。

3. So you can see they are not fit. And Susan um he um he also like sports she also like sports.　pre-fm-how-voc

这儿我想说他们俩在运动方面不很相配,找不到词了,觉得不太好说。

4. and she sometimes smoke smokes.　pre-fm-accu-gram

这里我想说她会吸烟,就是在 smoke 这个词的形式上面有些纠结。

5. And and I think they all are and they all quiet.　　pre-co-org

这儿我就想在找一找他俩的共同点,一个喜欢看书,另一个喜欢看电影,就是都是挺静的那种爱好,就是在想该怎么说。

T1S02Re:

1. I think um James and Mary may be um … the … may be fit each other finally.　　pre-fm-how-dis

这个地方停顿我是在想应该怎么表达"他们彼此合适"。

2. because James like reading books but and Mary like watching movies. post-co-org

他们俩本来喜欢的东西是不同的,但是我考虑到要是说他们俩在一起就该说一些相同的方面,所以就改了。

3. They all like staying at home. um and … in music … um … hip-pop and classic is different music style.　　pre-co-what

我觉得我说的就跟记流水账似的,我就想着再补充一点,多说一些他们的共同点,但是想了好久也没想到该说什么。

4. Um so they can tell each other different thoughts and … um different … pre-fm-how-dis

因为他们喜欢的音乐类型不一样嘛,本来想说他们可以互通有无,但是不会表达。想了一下,觉得不会说,最后干脆就没说。

5. because James um … can … because James um maybe also tell Mary some advantage of sports.　　pre-fm-how-dis

Mary 不喜欢运动,而 James 喜欢运动,我本来想说 James 可能会带着 Mary 一起去运动,但是不知道该怎么用英语表达。